Christoph Sonntag

SONNTAGS
AUSFLÜGE

Für Carlotta

Christoph Sonntag

SONNTAGS AUSFLÜGE
133 ¹/₃ famose Ziele, Geheimtipps und Adressen

Silberburg-Verlag

INHALT

Vorwort *6*

Sonntags Einführung *8*

SONNTAGS AUSFLÜGE:

1. Region Stuttgart *11*
2. Schwäbische Alb – Ostalb *47*
3. Donautal – Iller – Ulm *61*
4. Bodensee – Oberschwaben *71*
5. Südschwarzwald *91*
6. Mittlerer Schwarzwald *103*
7. Karlsruhe – Nordschwarzwald *113*
8. Rhein-Neckar *131*
9. Heilbronn-Franken *137*

Bildnachweis *158*

Impressum *159*

LIEBE LESERIN LIEBER LESER

Meinen ersten Ausflugsführer »Ein perfekter Sonntag« habe ich geschrieben, weil ich damals noch von dem irrtümlichen Gedanken geleitet war, dies könnte ein Befreiungsschlag sein: Mein Zettelkasten quoll über vor tollen Ausflugs-, Wander-, Speise-, Hotel-, Restaurant- und Geheimtipps, die mir Fans, Freunde, Veranstalter und andere Zeitgenossen auf meiner Kabarett-Tour durchs Ländle zugesteckt hatten. Über die Idee, diese für mich selbst zu sortieren und zu ordnen, kam dann ein Buch zustande, das mir die Menschen regelrecht aus der Hand gerissen haben. Und schon kam der Stein ins Rollen: Zum einen bin ich seither mit noch offeneren Augen unterwegs und habe selbst mehr persönliche Entdeckungen gemacht und gesammelt. Und immer wieder beim Schreiben und Zusammentragen meiner Geheimtipps habe ich gemerkt, dass es mir oft um die Erholung am und im Wasser geht. Wahrscheinlich war ich in meinem letzten Leben ein Fisch, ein Seemann oder auch nur eine Träne im Meer, wer weiß das schon? Außerdem haben mir zahlreiche Leserinnen und Leser weitere wertvolle Tipps gegeben und mitgeteilt. Für die vielen Zuschriften, die ich erhalten habe, möchte ich mich an dieser Stelle bedanken. Die Lieblingsadressen von Elisabeth Mezger, Alexandra Mebus und Karl-Heinz Protzer habe ich gleich besucht – über den Märchensee, das Waldfreibad Ziegelweiher und die Kaffeemanufaktur Hagen wird in diesem Buch berichtet.

Mein herzlicher Dank geht an meinen Mitarbeiter Achim Mayer für die hervorragende Redaktion und Recherche.

Auch Veranstalter, Besucher meiner Live-Show und örtliche Pressevertreter haben mir immer wieder Zettel gereicht: »Herr Sonntag, wennse nomal so en Ausflugsführer schreibet, no sodd dess do dringend mit nei!«

Plötzlich quoll nicht mehr ein Zettelkasten über – sondern drei!

Deshalb folgen auf »Ein perfekter Sonntag« nun die »Sonntags Ausflüge« – ein Folgeband, der den ersten nicht ausstechen, sondern ergänzen soll.

Genießen Sie diese Fundgrube für Ihre Freizeitgestaltung! Entdecken Sie Baden-Württemberg! Es ist ein Geschenk, dieses Land voller spannender Möglichkeiten vor der eigenen Tür zu wissen. Und nun genug der sonntäglichen Vorworte, auf geht's ins Freizeitvergnügen!

Herzlichst
Ihr Christoph Sonntag

SONNTAGS EINFÜHRUNG

Erstaunlicherweise kennen sich noch immer viel zu viele Baden-Württemberger gut in der Welt aus – aber schlecht im eigenen Ländle. Meine eigene Frau, ein gebürtiges Stuttgarter Mädle, war, als ich sie kennenlernte, schon überall gewesen: in New York, in Argentinien, an der Côte d'Azur, in halb Italien und ganz Spanien – aber meine Geburtsstadt Waiblingen kannte sie nicht und im herrlichen Remstal war sie bis dato auch noch nicht gewesen. Ich halte das für symptomatisch, denn in den Jahrzehnten nach dem Zweiten Weltkrieg war aufgeklärten Bürgern alles, was nach Heimat roch, hochverdächtig. Wer sich zu seiner Herkunft, seinen regionalen Gerichten und Lebensmitteln, seiner Landschaft und seiner Region zu auffällig bekannte, wurde sofort gedanklich in eine Ecke gedrängt, in der die Weltoffenheit nicht zuhause ist. Das hat sich glücklicherweise geändert! Baden-Württemberg blüht auf wie eine wachgeküsste Prinzessin und ein Ende des Blühens ist nicht in Sicht. Die Regionen putzen sich heraus, sie finden stolz zu ihren regionalen Schönheiten zurück. Die in den achtziger Jahren sanierten Innenstädte werden von der neuen Generation belebt und benutzt, die Gastronomie findet im Sommer überall draußen statt. Die Menschen holen teilweise längst vergessenes Kulturgut aus der Mottenkiste und polieren es glänzend auf, sie bringen ihren Wein qualitativ an die Weltspitze, sie entdecken ihre Wälder, Seen und Flüsse neu und machen sie immer mehr zugänglich. So bauen wir in Baden-Württemberg Stück für Stück die Vorur-

teile ab, die man uns jahrzehntelang ans Revers geheftet hat. Damit ist Schluss, der Mief ist draußen, die Spießigkeit ist weg, die Lebenslust ist da!

Jeder einzelne der 133 1/3 Tipps in diesem Buch ist ein Beweis dafür, dass die obige These stimmt! Baden-Württemberg hat unglaublich viel zu bieten und wir sind gut beraten, dies in vollen Zügen zu entdecken und zu genießen. Denn man kann sein Land nur richtig lieben, wenn man es auch richtig kennt, in diesem Sinne – raus aus der Hütte und los geht's!

Ach, und eines noch, ich rechne auch nach diesem Buch damit, dass Sie, liebe Leserin und lieber Leser, beim Nachentdecken meiner Entdeckungen weitere eigene Entdeckungen machen werden.

Jajaja, her damit! Ich bitte ausdrücklich darum! Da ich Ihren Eifer kenne, sichere ich schon mal vorsichtshalber die Titel »Ein weiterer Sonntag«, »Ein fröhlicher Sonntag«, »Ein toller Sonntag«, »Ein überraschender Sonntag« und »Ein komplett von seinen Lesern zusammengestellter Sonntag«.

Schönen Sonntag noch!

REGION STUTTGART
Sonntags Ausflüge 1

ESSEN & GENIESSEN

ANSCHAUEN & ERLEBEN

FAMILIEN-ZIELE

REGIONAL EINKAUFEN

ÜBER NACHT

1 | Altbach

Peter Fonda und Dennis Hopper hätten ihre wahre Freude

»Bike Schmiede Lounge«

Essen & Genießen

Was wird nicht immer alles über Lederkutten tragende, furchteinflößend tätowierte Biker berichtet ... nur wenige Klischees halten sich so hartnäckig. Als Motorradfahrer darf ich Sie aus eigener Erfahrung wissen lassen: alles halb so wild. Die meisten Harley-Fahrer, die sich am Wochenende die Lederjacke überstreifen, tragen montags bis freitags Business-Suit und gehen einem anständigen Beruf nach. Am Wochenende wird dann die herausgeputzte Maschine hervorgeholt und mit einem Ritt um den Block entflieht der Biker dem stressigen Alltag. Motorradfahrer sind in der Regel tolerante und gesellige Menschen. Wer sich hiervon überzeugen möchte, ist in der »Bike Schmiede Lounge« gut aufgehoben. Dort werden Steaks, Burger und Salate – alles frisch zubereitet – serviert und an der Bar kann mit echten Bikern angestoßen werden. Wenn dann der Funke überspringt, kann man sich nebenan im 300 Quadratmeter großen Showroom ein passendes Motorrad auswählen und – Easy Rider lässt grüßen – dem Sonnenuntergang entgegencruisen.

Esslingerstraße 4, 73776 Altbach
Telefon (0 71 53) 3 08 01 10, www.bikeschmiede-lounge.de
Öffnungszeiten: Montag bis Freitag ab 17 Uhr, Samstag ab 11 und Sonntag ab 17 Uhr, an Feiertagen geschlossen. Jeden Donnerstag ab 18 Uhr ist Biker-Stammtisch.

2 | Beuren

*Heute in das dörfliche Leben
von damals eintauchen*

Freilichtmuseum Beuren

Anschauen & Erleben | Familien-Ziel

Eingebettet in eine Streuobstwiesenlandschaft, in Sichtweite der Burg Teck und der Burgruine Hohenneuffen, liegt das Freilichtmuseum Beuren. Mehr als 20 Originalgebäude, darunter alte Bauernhäuser und Ställe, können hier inmitten eines lebendigen Areals entdeckt werden. Besuchermagnet sind die rund 80 Veranstaltungen und Mitmachaktionen, die im Laufe einer Saison angeboten werden. Auch die Eindrücke vom dörflichen Leben vergangener Zeiten faszinieren. In den Gärten werden Obst und Gemüse angebaut und auch viele Tiere sind auf dem Areal zu Hause: Enten und Hühner, Schafe und Ziegen. Ein richtiger Fundus ist der Kolonialwarenladen, der von Mitgliedern des Fördervereins betrieben wird. Darüber hinaus hat sich das Museum der Erhaltung historischer Kulturpflanzensorten verschrieben. Ein Projekt, das von meiner »Stiphtung Christoph Sonntag« und der Hochschule Nürtingen-Geislingen gefördert und begleitet wird. In einem ersten Schritt werden historische, für die hiesige Esskultur bedeutsame Kulturpflanzensorten recherchiert und das entsprechende Saatgut beschafft. Danach erfolgt die Aussaat auf Acker- und Gartenflächen des Freilichtmuseums Beuren. Wenn alles nach Plan verläuft, können Sie demnächst eine Ernte wie zu Großmutters Zeiten kennenlernen und probieren.

REGION STUTTGART

*In den Herbstwiesen, 72660 Beuren,
Telefon (0 70 25) 9 11 90-0, www.freilichtmuseum-beuren.de
Öffnungszeiten: Anfang April bis Anfang November, Dienstag bis
Sonntag 9 bis 18 Uhr, Ostermontag und Pfingstmontag geöffnet.
Man kann sich Führungen anschließen oder – ausgestattet mit einem
Audioguide – das Freilichtmuseum auf eigene Faust erkunden. Für
Familien gibt es einen extra Familienführer, der einen Spaziergang
über das Museumsgelände beschreibt.*

3 | Bietigheim-Bissingen
Stimmung bis unters Hallendach

Steelers

Anschauen & Erleben | Familien-Ziel

Für Eishockey-Fans ist die Welt eine Scheibe. Genauer gesagt ein Puck, der von den Spielern mit bis zu 160 Stundenkilometern über die Eisfläche geschossen wird. Blitzschnelle Spielzüge, ausgefeilte Taktik, voller Körpereinsatz und nicht selten Tore in allerletzter Sekunde – bei einem Eishockey-Spiel herrscht Spannung pur. Was sich auf der 60 Meter langen und 30 Meter breiten Eisfläche an sportlichen Leistungen und an Dramatik abspielt, ist kaum zu überbieten. Eishockey ist elegant und hart zugleich. Dahintröpfelnde Spielphasen, wie man sie vom Fußball kennt, gibt es nicht: Auf dem Eis herrscht immer Bewegung. Zum Beispiel in der EgeTrans Arena in Bietigheim-Bissingen, der Heimat der Steelers. Rund 4000 Fans pilgern zu den Heimspielen des Eishockey-Zweitligisten und sorgen für eine tolle Kulisse auf den Rängen.

Für Familien steht in der Arena ein eigener Block zur Verfügung. Die Stimmung ist grandios!

Am Fischerpfad 4–6, 74321 Bietigheim-Bissingen,
Telefon (0 71 42) 7 88 19-0, www.steelers.de
Informationen: Folgen Sie der Ausschilderung »Ellental«. Die Ege-Trans Arena ist auch mit öffentlichen Verkehrsmitteln gut erreichbar: Der Regionalbahn-Haltepunkt »Ellental« befindet sich rund acht Gehminuten entfernt. Alternativ mit der S-Bahn bis Bietigheim-Bissingen und von dort in rund 15 Gehminuten via Wobachstraße und Fischerpfad zur Arena.

4 | Bietigheim-Bissingen
Mit dem Smartphone auf Pirsch

QR-Rundgang »Grüne Mitte«

Anschauen & Erleben | Familien-Ziel

Dieses Ziel erinnert mich immer an meine Comedy »AZNZ – Alte Zeiten, neue Zeiten«. Früher hat man sich mit einem Bestimmungsbuch unterm Arm auf die Spur von Tieren und Pflanzen begeben, heute nimmt man das Smartphone. In Bietigheim-Bissingen werden die neuen technischen Möglichkeiten gezielt genutzt, um Informationen auf schnelle, einfache und zeitgemäße Weise bereitzustellen. Entlang der Enz, in der sogenannten »Grünen Mitte«, wurden insgesamt 28 QR-Code-Stationen positioniert. Diese QR-Stationen gilt es – ähn-

lich einer Rallye – zu entdecken. Wird ein QR-Code mit dem Smartphone gescannt, werden im Handumdrehen Texte und Bilder angezeigt. Insgesamt 16 Stationen informieren über die Umstrukturierung des Enztals in Bietigheim-Bissingen zur »Grünen Mitte«, zwölf weitere QR-Code-Stationen halten Spannendes zu den dort heimischen Tieren und Pflanzen parat.

www.bietigheim-bissingen.de/
QR-Code-Pfad_Gruene_Mitte.1190.0.html
Informationen: Idealer Startpunkt ist »Am Japangarten«
(QR-Station 14); in direkter Nachbarschaft befindet sich ein
öffentlicher Parkplatz. Der Rundgang ist frei zugänglich und kann
rund um die Uhr besucht werden.

5 | Bietigheim-Bissingen

Schlag auf Schlag

Kanutour auf der Enz

Anschauen & Erleben | Familien-Ziel

Wenn der Weg das Ziel sein soll, ist eine Kanutour auf der Enz genau das Richtige. Mit hohen Wellen oder reißender Strömung muss nicht gerechnet werden, auch große Boote – wie auf dem Neckar etwa – gibt es auf der Enz nicht. Stattdessen kann man ganz gemütlich den Fluss entlangpaddeln und die Natur genießen. Perfekter Einstieg ist

eine 1 ½- bis 2 ½-stündige Rundtour ab Bietigheim »Sägemühle« oder »Bad am Viadukt«. Zuerst paddelt man enzaufwärts, danach geht es mit der sanften Strömung wieder zurück zum Ausgangspunkt. Die Kanutour-Spezialisten »Die Zugvögel« halten eine gründliche Einweisung und das komplette Equipment bereit: Canadier oder Kajak, Paddel, Schwimmweste, Packsack, Trockentonne, Flusskarte und Bootswagen werden leihweise zur Verfügung gestellt.

Die Zugvögel, Sägemühle, 74321 Bietigheim-Bissingen,
Telefon (0 71 42) 92 01 28, www.diezugvoegel.de

6 | Böblingen
Chrom, Glanz und Pferdestärken

Motorworld

Anschauen & Erleben

Die Automobilgeschichte steckt voller Träume, so mancher davon kann in Böblingen entdeckt werden. Auf dem Flugfeld, in einem ehemaligen Hangar und einer früheren Werfthalle, ist die Motorworld das vormalige Meilenwerk, untergebracht. Längst hat sie sich zum Pilgerziel für Liebhaber historischer Fahrzeuge entwickelt, dementsprechend vielfältig ist das Angebot vor Ort: In Glasboxen können Besitzer ihre wertvollen Automobile unter besten Bedingungen einstellen, für die Besucher werden diese doppelgeschossig angeordneten Glasboxen zu einem einzigartigen, markenübergreifenden Showroom. Darüber hinaus kann man Young- und Oldtimer begutachten, warten und restaurieren lassen. Jenseits der üblichen automobilen Massenware lässt sich hier auch das eine oder andere Sammlerstück käuflich erwerben. Also: Entweder den Geldbeutel gut gefüllt mitnehmen oder – um jeder Versuchung zu widerstehen – gleich zu Hause lassen.

Mindestens einmal im Jahr fahre ich dann von Böblingen aus noch 30 Kilometer weiter nach Bondorf; dort ist der Poloclub Stuttgart beheimatet. Immer im September findet dort ein sensationell großes Poloturnier statt. Man wähnt sich in Spucknähe zu Stuttgart auf einem englischen Adelshof, sieht Polopferde, argentinische Reiter und unfassbar anderes Ambiente. Unter der Adresse www.polo-club-stuttgart.de findet man die Termine – unbedingt hingehen!

Graf-Zeppelin-Platz, 71034 Böblingen,
Telefon (0 70 31) 3 06 94-0, www.motorworld.de
Öffnungszeiten: Montag bis Samstag 8 bis 20 Uhr,
sonn- und feiertags 10 bis 20 Uhr. Die Motorworld kann bei
freiem Eintritt besucht werden.

7 | Esslingen am Neckar

Die besten Partys finden immer in der Küche statt

»Ilzhöfers Event-Kochschule«

Essen & Genießen

Es soll ja Leute geben, die angeblich sehr ungern in der Küche stehen. Mir geht es da ganz anders – ich liebe es, am Herd mit frischen Produkten zu arbeiten, zu experimentieren und leckere Gerichte zu

zaubern. Jörg Ilzhöfer, Inhaber der »Ilzhöfers Event-Kochschule«, geht es genauso. Seine Passion für gutes Essen hat er zu seinem Beruf gemacht, in Esslingen geeignete Räume gesucht und in bester Lage, direkt am Hafenmarkt, eine Kochschule eingerichtet. Das große Plus: Im Gegensatz zu manch anderer Kochschule, die ihre Kurse in großen Restaurant- oder Hotelküchen veranstaltet, arbeitet man im »Ilzhöfers« an Geräten und Kücheninseln, wie man sie auch von zu Hause kennt. Ilzhöfers Kochkurse sind lehrreich und unterhaltsam zugleich, eine Kombination, die Appetit macht. Zum Beispiel auf eine Küchenparty mit Freunden. Gemeinsam kochen, feiern und trinken – für Anlässe wie diese kann die »Ilzhöfers Event-Kochschule« komplett gemietet werden. Perfekt für zehn bis zwanzig Personen.

Am Hafenmarkt 12, 73728 Esslingen am Neckar,
Telefon (07 11) 50 43 97 91, www.ilzhoefers.de
Öffnungszeiten: Dienstag bis Freitag 11.30 bis 18 Uhr, Samstag
11 bis 14.30 Uhr. Die Termine der Kochkurse werden auf der Website veröffentlicht. Sonderöffnungen für Events und Küchenpartys
nach Vereinbarung. Mittags-Suppenküche dienstags bis freitags
12 bis 14 Uhr (jeden Tag zwei neue Suppen- bzw. Lunch-Kreationen, entweder direkt im »Ilzhöfers« oder »to go« im praktischen
Weckglas genießen).

8 | Esslingen am Neckar

Sekt in the City

»Kessler Karree 18«

Essen & Genießen

Rütteln, sanft rütteln: Damit sich die Weinhefe im Flaschenhals ablagern kann, werden die Flaschen auf den »Rüttelpulten« regelmäßig bewegt. Eine aufwändige, jahrhundertealte Tradition, die in der Sektmanufaktur Kessler nicht ohne Grund gepflegt wird: Firmengründer Georg Christian von Kessler brachte die Champagner-Methode von Veuve Clicquot Ponsardin direkt nach Esslingen. Sehr zur Freude der Sektfreunde, die heutzutage ihren samstäglichen Einkauf auf dem Esslinger Markt mit einem Besuch bei Kessler verbinden. Unter

dem Motto »Sekt in the City« trifft man sich im »Kessler Karree 18« auf ein Glas Hochgewächs oder Jägergrün, plaudert und knüpft neue oder pflegt bestehende Kontakte. Savoir-vivre am Neckar – das kriegt die schicke Gesellschaft in der weißblauen Metropole an der Isar auch nicht besser hin. Und, Tipp für Junggesellen: In den oberen antiken Räumen lässt es sich wunderbar heiraten! Und noch ein Tipp: diesen großen Spaß möglichst nur einmal machen!

Georg-Christian-von-Kessler-Platz 12–16,
73728 Esslingen am Neckar, Telefon (07 11) 31 05 93-0,
www.kessler-sekt.de/kessler_erleben.php
Öffnungszeiten: Montag bis Freitag 10 bis 19 Uhr, Samstag 10 bis
16 Uhr. »Sekt in the city« mittwochs und samstags 10 bis 16 Uhr.

9 | Esslingen am Neckar
Gute Pasta geht immer

»espressini«
Essen & Genießen

Nichts gegen schwäbische Küche, ganz im Gegenteil. Aber hin und wieder muss es italienische Pasta sein. Pasta – italienisch für »Teig« – wird üblicherweise mit Mehl, Wasser, Salz und, je nach Rezeptur, mit Eiern zubereitet. Im »espressini« kommen noch ein ordentlicher Schuss Leidenschaft und Kreativität hinzu. Ob Makkaroni oder Bandnudeln, Spaghetti oder Penne – hier wird grundsolide Pasta serviert. Kombiniert mit frischen Kräutern und raffinierten Saucen schmeckt es im »espressini« wie in bella Italia. Täglich frischer Mittagstisch, zudem Snacks und Caféspezialitäten.

*Unterer Metzgerbach 9, 73728 Esslingen am
Neckar, Telefon (01 73) 6 70 71 15, www.espressini.de
Öffnungszeiten: Montag bis Samstag 10 bis 16 Uhr.*

10 | Esslingen am Neckar

*Klimaschutz und Gastfreundschaft
unter einem Dach*

Hotel »EcoInn«

Über Nacht

Das Hotel »EcoInn« reiht sich brav in die Kanalstraße ein. Doch im Inneren ist vieles anders als bei den benachbarten Häusern. Denn die Macher des Hotels setzen alles daran, die Ansprüche von Gästen und den komplett auf Nachhaltigkeit ausgerichteten Betrieb unter einen Hut zu bringen. Umgesetzt wird ein Hotelkonzept, das ohne großen Schnickschnack auskommt – eine energieintensive Sauna werden Hotelbesucher hier ebenso vergeblich suchen wie einen Whirlpool oder ein Solarium. Stattdessen wird die Übernachtung in einem energieautarken Haus angeboten. Der benötigte Strom wird zu 100 Prozent über ein Wasserrad, das am vorbeifließenden Neckar angebracht ist, gewonnen. Auch die Heizwärme wird mit einem ausgeklügelten System aus Neckarwasser erzeugt. Geschlafen wird in baubiologisch durchdachten Räumen, die Möbel wurden aus FSC-zertifiziertem Bambusholz in der hauseigenen Schreinerei angefertigt. Selbstredend, dass das Frühstück ökozertifiziert ist und auf Produkten aus der

unmittelbaren Region basiert. Das »EcoInn« ist ein Hotel mit Modellcharakter, das wie gemacht ist für die ökologischen Herausforderungen der Gegenwart. Schlafen mit bestem Gewissen ... in Esslingen am Neckar ist's möglich.

Kanalstraße 14–16,
73728 Esslingen am Neckar,
Telefon (07 11) 31 05 89-0, www.ecoinn.de
Informationen: Das »EcoInn« ist ein Haus der 3-Sterne-Kategorie.
Die Rezeption ist von 6 bis 22 Uhr besetzt. Check-in ist ab 15 Uhr
und Check-out ist spätestens um 11 Uhr.

11 | Fellbach

Alles Übungssache

Bike-Parcours Fellbach

Anschauen & Erleben

Mountainbiker finden in Fellbach ein kleines, aber feines Trainingsareal. Im Bike-Parcours neben dem Max-Graser-Stadion üben Einsteiger an ihrer Geschicklichkeit, bereits erfahrene Biker können an ihrer Technik feilen und Sprungtechniken perfektionieren. Zur Verfügung stehen Buckelpisten und zwei Absprungrampen, flache und steilere Passagen wechseln sich ab. Rund 1000 Kubikmeter Erde wurden

zu Schanzen und einem Starthügel modelliert, den entscheidenden Anstoß zur Umsetzung dieser Idee lieferten drei Schüler. »Dirtbiker« fühlen sich hier pudelwohl und auch Mountainbiker, die weniger artistisch unterwegs sind, haben im Fellbacher Bike-Parcours jede Menge Spaß.

Lage: Kienbachstraße, zwischen Tennisanlage und Max-Graser-Stadion. Der Parcours ist frei zugänglich, Fahrradhelm ist Pflicht.

12 | Fellbach

Endlich ein gemeinsamer Nenner, der allen Riesenspaß macht

F3 Freizeit und Familienbad Fellbach

Anschauen & Erleben | Familien-Ziel

Das Stuttgarter Mineralbad Berg mag ich persönlich sehr gerne. Kein Schaulaufen, kein überdimensioniertes Entertainment, keine Show-Effekte. Das ungezwungene Ambiente jenseits irgendwelcher Modeerscheinungen garantiert Entspannung pur. Wenn es aber darum geht, unterschiedlichste Freizeitinteressen unter einen Hut zu bringen, dann ist das Fellbacher Familien- und Freizeitbad F3 die perfekte Adresse. Adrenalin-Kicks gibt's im Erlebnisbereich mit Aqua-Racer und Turbo-Looping-Rutsche. Wer Entspannung und Massagen wünscht, ist in der Wellnessoase mit verschiedenen Dampfbädern und Saunen

genau richtig. Im Außenbereich finden sportliche Schwimmer ein 50-Meter-Becken und für Kleinkinder steht ein separater Bereich mit Wasserspielen zur Verfügung. Perfekt – Action, Sport und Erholung unter einem Dach, das F3 macht der ganzen Familie Spaß!

Übrigens: Der amtierende Fellbacher Oberbürgermeister Christoph Palm hat für das neue Bad vor Jahren einen Namenswettbewerb ausgerufen. Meine Vorschläge: »Fellbad« und »Palm-Beach« haben leider nicht gewonnen, schade!

Esslinger Straße 102, 70734 Fellbach,
Telefon (07 11) 79 48 50, www.f3-fellbach.de
Öffnungszeiten: Sonntag bis Donnerstag 9 bis 22 Uhr,
Freitag und Samstag 9 bis 23 Uhr.

13 | Fellbach

Pure Genussfreuden

»Zum Hirschen«

Essen & Genießen

Ob raffinierte regionale Spezialitäten oder feine Gourmet-Kreationen – Armin Karrer und seine prämierte Kochkunst machen das »Zum Hirschen« zu einer der besten Adressen. Geschmacklich und handwerklich perfekt zubereitete Regionalküche wird im »Gasthaus Zum Hirschen« serviert, die Speisekarte ist nach Klassikern, Tageskarte und Hirschen-Menü gegliedert. Im »avui«, dem Gourmet-Restaurant des Hauses, zelebriert Armin Karrer seine »Cuisine Réelle«. Im Mittelpunkt stehen unverfälschte Aromen, die Verwendung regionaler Zutaten sowie die Zubereitung von Fleisch aus artgerechter Haltung. »Cuisine Réelle« bedeutet für Armin Karrer »auf dem Boden geblieben«, eine Philosophie, die feinste Geschmacksnuancen garantiert. Was auf den Teller kommt, ist fabelhaft.

Hirschstraße 1, 70734 Fellbach,
Telefon (07 11) 95 79 37-0, www.zumhirschen-fellbach.de
Öffnungszeiten Gourmet-Restaurant: Mittwoch bis Samstag ab
19 Uhr (Sommerpause von Anfang Juli bis Mitte September).
Öffnungszeiten Gasthaus: Dienstag bis Samstag 12 bis 13.45 und
18 bis 21.30 Uhr, Sonntag 12 bis 14.30 und 17.30 bis 20.30 Uhr.
Bei schönem Wetter wird auch auf der Terrasse
serviert. Montag ist Ruhetag, von Mitte Juli bis Anfang September sind Sonntag und Montag Ruhetage. Vor Ort stehen neun Nichtraucherzimmer zur Verfügung, die als Einzel- oder Doppelzimmer gebucht werden können.

14 | Fellbach

Genial regional

»Gasthaus zum Kreuz«

Essen & Genießen

Aufmerksame Leser werden mir vorhalten, dass ich das Gasthaus zum Kreuz bereits in meinem ersten Ausflugsführer »Ein perfekter Sonntag« lobend erwähnt habe. Aufmerksame Leser, die bereits im »Gasthaus zum Kreuz« eingekehrt sind, werden mir sicherlich zustimmen:

Die schwäbische Küche, die von Katja Woye und ihrem Team serviert wird, ist eine Wucht und definitiv erneut einen Tipp wert. Käsespätzle, Maultaschen und Zwiebelrostbraten sind hier Bestseller, die Tellersülze ist hausgemacht und der Wurstsalat bekommt ausreichend Zeit, um im Essig durchziehen zu können. In das »Gasthaus zum Kreuz« kehrt man immer wieder gerne ein, getreu dem Motto: »Man soll dem Leib etwas Gutes bieten, damit die Seele Lust hat, darin zu wohnen.«

Hauptstraße 40, 70736 Fellbach-Oeffingen,
Telefon (07 11) 9 93 26 25,
Öffnungszeiten: Montag und Mittwoch bis Samstag ab 17.30 Uhr,
Sonntag ab 11.30 Uhr. Dienstag Ruhetag.

15 | Filderstadt

Im Cockpit einer Boeing 737

Gutschein

simINN Flugsimulator

Anschauen & Erleben

In all den Jahrzehnten der zivilen Luftfahrt hat sich am Mythos Pilot nichts geändert. Kaum schreitet ein Kapitän einer renommierten Airline durch das Terminal, bekommen Frauen glänzende Augen und Männer gehen vor ihrem geistigen Auge reflexartig ihre Berufswahl durch und wägen ab, ob sie tatsächlich den richtigen Weg eingeschlagen haben. Selbst im höchstfrequentierten Terminal öffnet sich voller Ehrfurcht eine Schneise, durch die der Pilot samt Gefolge majestätisch schreiten kann. Die Aura, die einen uniformierten Piloten umgibt, ist kaum zu erklären. Ganz klar, ich muss rein in ein Cockpit und selbst erleben, was sich dort abspielt.

Bei simINN in Filderstadt kann ich das komplexe System eines Boeing 737-Cockpits kennenlernen und selbst auf der linken Seite den Platz des Kapitäns einnehmen. Nach einer qualifizierten Einweisung durch ausgebildete Verkehrspiloten sitze ich selbst am Steuerhorn im originalgetreuen B737-Flugsimulator und nehme Kurs auf New York. Die vielen Anzeigen und Kontrollleuchten im Blick zu behalten, ist eine Herausforderung. Zum Glück wird man während des Simulationsflugs nicht allein gelassen, sondern erhält qualifizierte Anleitung durch einen echten Profi. Die Berechnung der erforderlichen Treibstoffmenge, die Analyse der Witterungsverhältnisse und den Live-Funkkontakt mit den nuschelnden Fluglotsen im Tower habe ich übersprungen … diese Aufgaben sollen dann doch lieber die Herren mit der schicken Uniform erledigen.

Ich bin begeistert, werde im nächsten Leben vielleicht doch Pilot und nehme meinen Flug auf einer DVD mit nach Hause! Vielleicht gefällt mir der Flugsimulator deshalb so gut, weil ich bei einem »Germanwings«-Flug einmal ein sehr lustiges Erlebnis hatte: Ich war auf dem Weg zu einer großen Party in Hannover, zu der auch fast die gesamte damalige Landesregierung eingeladen war. Der Pilot war ausgesprochener Sonntagsfan, hatte mitbekommen, dass ich an Bord bin, und mich zur Landung ins Cockpit geladen. Alle haben mich nachher zu den Hintergründen befragt. Ich erzählte beiläufig, dass ich ja den Pilotenschein hätte, der Pilot Probleme mit den Instrumenten hatte und mich für die Landung gebraucht hätte. Auf der Party in Hannover wurde ich dann von allen Seiten angesprochen, ich sei doch der Pilot, der die Landesregierung geflogen hätte? Mein Ansehen in Hannover war enorm!

REGION STUTTGART

*Echterdinger Straße 57, Gebäude 21, 2. OG, 70794 Filderstadt-
Bernhausen, Telefon (07 11) 79 47 56 00, www.siminn.de
Öffnungszeiten: Dienstag bis Sonntag 10 bis 22 Uhr, an Feiertagen
geschlossen. Weitere Informationen: Gebucht werden kann ein 60-
oder 120-minütiger Flug im B737-Flugsimulator, für ein Briefing-
Gespräch und die Einweisung ins Cockpit sollte zusätzliche Zeit eingeplant werden. Zwei Begleitpersonen können auf dem »Jump Seat«
Platz nehmen und die Ereignisse live verfolgen. Rund 25 000 Ziele
stehen im simINN-Flugsimulator zur Auswahl; schlechtes Wetter gibt
es – zum Glück – nur auf Knopfdruck.*

16 | Großerlach

In null Komma nichts entschleunigt

»Der Schweizerhof«

Anschauen & Erleben | Familien-Ziel | Über Nacht

Ja! Ein Leben ist auch offline möglich. Wer sich in seinem Alltag und seiner Freizeit von seinem Handy oder Tablet-PC versklavt fühlt, sollte für einige Stunden oder auch für mehrere Tage im »Schweizerhof« in Großerlach-Mannenweiler vobeischauen. Auf dem weitläufigen Areal des Hofguts, mitten im Schwäbischen Wald, können sich Familien oder Gruppen von den beiden Gastgebern, Anja und Michael

Nowak, ein individuelles Programm schneidern lassen – angefangen von Yoga und Meditation über Reiten bis hin zu Baumklettern. Wer möchte, kann auch über Nacht bleiben und auf duftendem Heu schlafen. Die selbstverordnete Entschleunigung wirkt. »Der Schweizerhof« ist ein wunderbarer Ort, an dem man über Gott und die Welt philosophieren kann, von Angesicht zu Angesicht wie früher. Und je länger der Aufenthalt dauert, desto breiter wird das zufriedene Grinsen: Bei Anja und Michael Nowak kann man die Zeit ganz gemächlich an sich vorbeiziehen lassen. Ideal für Menschen, die die Stunde in 59 Minuten schaffen!

Schweizerhof 1, 71577 Großerlach-Mannenweiler, Telefon (01 73) 6 82 48 63 oder (01 72) 9 95 04 13, www.derschweizerhof.de Informationen: Heuhotel in der Scheune; für Allergiker steht ein separater Schlafraum zur Verfügung. Zudem Frühstücksraum und sanitäre Einrichtungen. Die gemeinschaftliche Übernachtung im Heuhotel ist auch für Schulklassen eine interessante Alternative zu den sonst üblichen Schullandheim-Zielen.

17 | Kirchberg an der Murr
Auch beim Backen kommt es auf die inneren Werte an

's Mühlenlädle

Regional Einkaufen

Ein breit gefächertes Sortiment an gesunden Zutaten für's Kochen und Backen bietet das Mühlenlädle in Kirchberg. Neben Erzeugnissen aus der familieneigenen Frießinger Mühle – beispielsweise Mehl, Getreideprodukte und Backmischungen – werden auch Reis- und Nudelsorten, Essige und Öle, Nüsse und

Naschereien angeboten. Das Konzept – Produkte in bester Qualität und eine Beratung, auf die man sich verlassen kann – ist stimmig. Lohnenswert sind auch die Koch- und Backkurse, die vom Mühlenlädle veranstaltet werden. Aktuelle Termine werden auf der Website bekanntgegeben.

Mühlweg 1, 71737 Kirchberg an der Murr,
Telefon (0 71 44) 31 04, www.muehlenlaedle.de
Öffnungszeiten: Montag bis Freitag 8.30 bis 12.30 und 14.30 bis
18 Uhr, Samstag 8.30 bis 12.30 Uhr.

18 | Kornwestheim

Spielspaß im XXL-Format

Ravensburger Kinderwelt Kornwestheim

Familien-Ziel

Gesellschaftsspiele machen Stimmung und sind ein ganzjähriger und absolut witterungsunabhängiger Garant für Spaß und Action am Familientisch. Ich könnte wetten, dass Sie, liebe Leserinnen und Leser, in netter Runde und mit den Klassikern »memory« oder »Fang den Hut« schon so manch vergnügte Stunde erlebt haben. Aber haben Sie diese Spiele auch schon im XXL-Format gespielt? Nicht? Dann nichts wie hin nach Kornwestheim zur Ravensburger Kinderwelt. Dort sind auf über 2000 Quadratmetern 16 spannende Attraktionen im Großformat untergebracht. Bei einer rasanten Partie »Fang den Hut« mit Fun Cars auf einem überdimensionalen Spielplan können sich die Allerkleinsten mit den Großen messen, in der MobileKids-Verkehrsschule drehen Schulkinder in elektrobetriebenen Nachbildungen von SLK-Roadstern ihre Runden und wer mutig ist, kann einen Riesen-Kletterbaum erklimmen. Die Ravensburger Kinderwelt ist ein ganzes Haus voller Spiele und Attraktionen, die das ganze Jahr über und bei jedem Wetter Spaß machen. Tipp: Kinder bis 14 Jahre haben an ihrem Geburtstag freien Eintritt.

*Wette-Center, Bahnhofstraße 2, 70806 Kornwestheim,
Telefon (0 71 54) 1 78 58 70, www.ravensburger-kinderwelt.de
Das Angebot der Ravensburger Kinderwelt ist perfekt für Eltern und Großeltern mit Kindern im Alter zwischen zwei und zwölf Jahren. Öffnungszeiten: täglich 10 bis 18 Uhr bzw. 13 bis 18 Uhr (die genauen Öffnungszeiten werden auf der Website publiziert). Montags Ruhetag; während der Ferienzeiten Baden-Württembergs ist montags geöffnet. Geschlossen am 24., 25. und 31. Dezember.*

19 | Neuffen

Spektakulär seit 1198

Burg Hohenneuffen

Anschauen & Erleben | Familien-Ziel | Essen & Genießen

Es muss nicht immer eine Gipfeltour in den Alpen sein: Auf dem Hohenneuffen, 300 Meter oberhalb der Gemeinde Neuffen, bietet sich

REGION STUTTGART

ein fantastischer Panoramablick, der mit so manchem Berggipfel konkurrieren kann. Wie auf einem Sockel thront die Burg, allein der exponierten Lage wegen lohnt sich der Weg nach oben. Beeindruckend ist auch die Geschichte des Bauwerks: Bis ins 12. Jahrhundert lassen sich die unterschiedlichen Epochen der Burg Hohenneuffen zurückverfolgen, Teile der drei Meter starken Schildmauer sowie eine innere Ringmauer sind erhalten. Heute beherbergt das historische Gemäuer eine ganzjährig geöffnete Burggaststätte, in der feine Regionalküche serviert wird. Darüber hinaus lockt während der Sommersaison eine Grillstation in den Innenhof: Sonntags und an Feiertagen wird der Grill angeheizt – eine knusprige Rote oder ein Flammkuchen schmecken in luftiger Höhe besonders lecker. Tipp: An mehreren Wochenenden im Sommer kommt ein Falkner auf die Burg und lässt Adler, Falken und Bussarde im Rahmen einer Flugschau über den Köpfen der Besucher kreisen.

Burggaststätte »Hohen Neuffen«, Burg Hohenneuffen, 72637 Neuffen, Telefon (0 70 25) 22 06, www.hohenneuffen.de Die Burg Hohenneuffen ist ganzjährig zugänglich. Ein großer Parkplatz befindet sich bei Erkenbrechtsweiler (Navigation: Weileräckerstraße, 73268 Erkenbrechtsweiler, von dort aus den Schildern folgen). Fußweg hinauf zur Burg: zirka 15 Minuten. Öffnungszeiten Restaurant: November bis März, Mittwoch bis Sonntag 9 bis 18 Uhr; April bis Oktober, Mittwoch bis Samstag 9 bis 22 Uhr, Sonn- und Feiertage 9 bis 19 Uhr.

20 | Schorndorf

Mit Schall und Rauch durch den Schwäbischen Wald

Schwäbische Waldbahn

Anschauen & Erleben | Familien-Ziel

Nicht zwischen Meckenbeuren, Durlesbach, Stuttgart, Ulm und Biberach, sondern zwischen Schorndorf und Welzheim ist die Schwäbische Waldbahn unterwegs. Nachdem der Betrieb 20 Jahre lang eingestellt war, kann man heute mit historischen Diesel- und Dampfzügen wie-

der eine Eisenbahnfahrt durch den Schwäbischen Wald unternehmen. Die Strecke ist fast 23 Kilometer lang und umfasst elf Stationen; von Schorndorf nach Welzheim ist die Bahn rund 66 Minuten unterwegs, zurück geht's in 56 Minuten. Mit drei eindrucksvollen Viadukten und der steilen Streckenführung ist die Schwäbische Waldbahn eine der schönsten Bahnstrecken, die Baden-Württemberg zu bieten hat.

Kirchplatz 3, 73642 Welzheim,
Telefon (0 71 82) 80 08 15, www.schwaebische-waldbahn.de
Ausgangspunkt: Bahnhof Schorndorf (Rosenstraße 2,
73614 Schorndorf). Fahrten werden von März bis Oktober sowie im
Dezember durchgeführt, die genauen Termine und Zeiten werden auf
der Website veröffentlicht.

21 | Stuttgart
Steile Sache

Standseilbahn

Anschauen & Erleben | Familien-Ziel

In gerade einmal vier Minuten ist die 536 Meter lange Strecke zurückgelegt: Seit 1929 verbindet die Standseilbahn den Südheimer Platz in Stuttgart-Heslach mit dem Waldfriedhof. Den Friedhof zum Ziel, wurde die Bahn in früheren Tagen häufig von Trauergesellschaften

in Anspruch genommen, weswegen die Standseilbahn im Volksmund bald »Erbschleicher-Express« oder »Witwen-Bahn« genannt wurde. Aber auch ohne Aussicht auf eine baldige Erbschaft lohnt sich die Fahrt. Wo sonst kann man ein Industriedenkmal im täglichen Einsatz erleben? Die beiden Waggons und die Anlage sind im Originalzustand erhalten, das Flair ebenfalls.

Böblinger Straße 237, 70199 Stuttgart, Telefon (07 11) 78 85 33 33, www.ssb-ag.de/Seilbahn-229-0.html Ausgangspunkt: Südheimer Platz oder Waldfriedhof. Fahrzeiten: Erste Fahrt um 9.10 Uhr, Fahrtakt alle 20 Minuten, letzte Fahrt um 17.50 Uhr. Wer mit dem PKW anreist, sollte die Tour am Waldfriedhof beginnen (Waldfriedhof 3 in 70597 Stuttgart) – dort ist die Parkplatz-Situation deutlich entspannter.

22 | Stuttgart

Sehenswertes neues Affenhaus

Wilhelma

Anschauen & Erleben | Familien-Ziel

Die Anlage für Afrikanische Menschenaffen ist das neue Glanzstück der Wilhelma. Ein mehr als 4400 Quadratmeter großes Areal steht den beiden Menschenaffenarten Gorillas und Bonobos nun zur Verfügung. Ein Klettergarten mit Hängematten ist in fester Hand der Bonobos, die

Gorillas genießen das Mehr an Natur und die vielen Beschäftigungsmöglichkeiten. Bei meinen Besuchen frage ich mich immer wieder, wer hier eigentlich wen beobachtet. Die Neugier scheint auf beiden Seiten der Glasscheiben sehr groß zu sein. Und genau dieses gegenseitige Interesse haben die Macher des neuen Affenhauses aufgegriffen und ein Spiel daraus entwickelt: Im Besucherbereich ist ein Stocherlabyrinth aufgebaut, das identische Gerät steht gegenüber im Gorillagehege. Gorilla und Gast können sich nun miteinander messen, ihre Geschicklichkeit testen und mit Gesten kommunizieren. Um alles zu entdecken und zu erleben, dürfte ein einzelner Besuch kaum reichen. Spricht doch alles für eine Jahreskarte.

Wilhelmaplatz 13,
70376 Stuttgart,
Telefon (07 11) 54 02-0, www.wilhelma.de
Öffnungszeiten: täglich 8.15 bis 16 oder 18 Uhr, je nach Saison (die genauen Öffnungszeiten werden auf der Website veröffentlicht).

23 | Stuttgart
Mehr als 23 000 Pferdestärken in Reih und Glied

Porsche Museum   `Gutschein`

Anschauen & Erleben | Familien-Ziel

Faszinierende Automobile gehören zu Stuttgart wie der Eiffelturm zu Paris. Mächtig Eindruck schinden die Stuttgarter, wenn sie ihre Gäste ins Porsche Museum führen. Allein die Architektur des Museums wäre schon einen Besuch wert: Der monolithisch geformte Ausstellungskörper scheint über dem Boden zu schweben. Nicht ohne

Grund wird das Gebäude von den Porsche-Mitarbeitern als »Flieger« beschrieben. Eine spektakuläre Rolltreppe führt vom Foyer hinauf in das Innere des Monolithen und damit zur Ausstellung. Dort werden rund 80 Fahrzeuge, darunter weltberühmte Modelle wie der 356, 550 oder 911, sowie viele weitere Exponate gezeigt. Mehrmals pro Jahr finden wechselnde Sonderausstellungen statt. Zudem: Gastronomische Einrichtungen (Kaffeebar, die Restaurants »Boxenstopp« und »Christophorus«), eine gläserne Museumswerkstatt und ein gut sortierter Museumsshop.

Porscheplatz 1, 70435 Stuttgart,
Telefon (07 11) 91 12 09 11, www.porsche.com/museum
Öffnungszeiten: Dienstag bis Sonntag 9 bis 18 Uhr, die Kassen
schließen um 17. 30 Uhr. Am 24., 25., 31. Dezember und 1. Januar
geschlossen. Das Porsche Museum befindet sich direkt an der
S-Bahn-Haltestelle »Neuwirtshaus / Porscheplatz«.

24 | Stuttgart

Was machen macht was

Max-Eyth-See

Anschauen & Erleben

Immer, wenn ich am Max-Eyth-See am Sandstrand einen Cocktail trinke oder beim »Klassenzimmer am See« die Füße im klaren Quellwasser baumeln lasse, freue ich mich über die vielen positiven Veränderungen am »Maxe«, wie der See im Volksmund genannt wird. Mit unserer Initiative »Der Max-Eyth-See Stuttgart soll sauber werden« haben wir den Anstoß für eine beispiellose Bürgeraktion gegeben. Und dank dem großartigen Engagement vieler Partner konnte auch eine ganze Reihe konkreter Maßnahmen mit dem Ziel eingeleitet werden, die Wasserqualität des Sees massiv zu verbessern: jährlich wird dem See so viel frisches Quellwasser zugeführt wie er insgesamt Wasser hat. Jedes Jahr schaffen wir damit eine bessere Situation. Mehr noch: Heute können Schulklassen aller Altersstufen am »Klassenzimmer am See«, das in direkter Nachbarschaft zum Max-Eyth-See errichtet wurde, das Thema Wasser hautnah in all seinen Facetten erleben, erfahren und erforschen. (Online-Anmeldung für Schulklassen und Gruppen unter www.sonntag.tv)

Inmitten der Stadt Stuttgart ist der See ein wichtiges Naherholungsgebiet, das von Bürgern aller Couleur besucht wird. Auch ich bin immer gerne rund um den Max-Eyth-See unterwegs und freue mich, wenn sich die Leute an der Verbesserung der Wasserqualität erfreuen.

Informationen: Vor Ort steht nur eine sehr begrenzte Anzahl an Parkplätzen zur Verfügung, für einen Besuch am Max-Eyth-See wählen Sie am besten die öffentlichen Verkehrsmittel: Stadtbahnlinie U14 bis Haltestelle »Wagrainäcker« oder »Max-Eyth-See«. Gastronomische Einrichtungen: »Treffpunkt am See« (täglich von 11 bis 23 Uhr, www.treffpunktamsee.de), »Haus am See« (täglich 11.30 bis 23 Uhr, warme Küche bis 22 Uhr, www.haus-am-see-stuttgart.de) und »Biergarten Max-Eyth-See« (März bis Oktober täglich von 11 Uhr bis Sonnenuntergang).

25 | Stuttgart

Verführung à la Aline

Patisserie Tarte und Törtchen

Essen & Genießen

Kennen Sie diese Situation? Gäste kündigen ihren Besuch zur allerbesten Kaffeezeit an, natürlich superspontan … von unterwegs quasi. Es bleiben nur noch zwei Möglichkeiten, um einen professionellen Eindruck zu hinterlassen. Erstens: Sie verfügen über jede Menge Improvisationstalent und haben obendrein zufällig so viele Früchte zu Hause, dass sie jede Backmischung wie selbstgemacht aussehen lassen können. Oder zweitens: Sie setzen sich ins Auto und fahren zu »Tarte und Törtchen«. In dieses Geschäft von Inhaberin Aline John habe ich mich in Sekundenschnelle verliebt und bei einem Besuch schaue ich mir jedes Mal aufs Neue den Mund wässrig. Ihre feinen Backwaren sind optische und geschmackliche Kunstwerke, die fast zu schade sind, um vernascht zu werden. Aber nur fast … denn so lecker wie »Rote Zora«, »Wiener Walzer« oder »Kugel Hüpf« schmecken, kann man ihnen ohnehin nicht lange widerstehen. Auch meine Gäste nicht, die sicherlich – speziell nach diesem Genuss – sich demnächst wieder spontan zum Kaffeeplausch anmelden.

*Gutbrodstraße 1, 70197 Stuttgart,
Telefon (07 11) 91 25 35 05, www.tarteundtoertchen.de*

Öffnungszeiten: Dienstag bis Freitag 11 bis 18 Uhr, Samstag 9 bis 16 Uhr, Sonntag 12 bis 17 Uhr. Die Öffnungszeiten variieren je nach Jahreszeit, die aktuellen Zeiten finden sich auf der Website.

26 | Stuttgart

Heiße Burger, krosse Fritten, kühle Cocktails

»Jake's Diner-Bar«

`Gutschein`

Essen & Genießen

Gut, die großen Burger-Ketten dominieren den Markt von Cheeseburger, Pommes & Co., in puncto Geschmack gibt's aber bei fast allen noch Luft nach oben. Der Burgerketten-Burger in Ilsfeld schmeckt genauso wie der in Illinois. Also auf ins »Jake's Diner« nach Möhringen. Dort werden Burger und Wings gebrutzelt, die überaus lecker und garantiert unverwechselbar schmecken. Auch das Ambiente ist stimmig. Leuchtreklame an den Wänden, eine (kostenfreie!) Jukebox in der Ecke und das Mobiliar aus typisch rotem Leder. Auf der Speisekarte finden sich Burger, Hot Dogs, Chicken Wings, Sandwiches, Pommes und Salate … und wer auf dem Heimweg noch ein Bier oder einen Cocktail in geselliger Runde genießen möchte, ist in der angeschlossenen Bar genau richtig. Jake, der Wirt, ist übrigens genauso brav und harmlos, wie er nicht aussieht!

Filderbahnplatz 31, 70567 Stuttgart,
Telefon (07 11) 99 74 68 15, www.jakes-diner-bar.de
Öffnungszeiten: Montag bis Donnerstag 15 bis 1 Uhr, Freitag 15 bis 2 Uhr, Samstag 17 bis 2 Uhr. Sonn- und Feiertag geschlossen. Das Diner ist Nichtraucherbereich, in der Bar ist das Rauchen erlaubt und dementsprechend der Zutritt nur für Gäste ab 18 Jahren.

27 | Stuttgart

Ein Käsekuchen zum Verlieben

»Zimt und Zucker«

Essen & Genießen

Den weltbesten Käsekuchen gibt's bei Oma. Stuttgarts besten Käsekuchen gibt's im »Zimt und Zucker«. So ist es mir zumindest zu Ohren gekommen. Also nichts wie hin und probieren. Bereits der erste Eindruck gefällt: Inhaber Jean verbreitet gute Laune und die kunstvoll gestalteten Räume verstärken das Gefühl, Gast an einem sehr persönlich geprägten Ort zu sein. Und auch das raffinierte Käsekuchen-Rezept hält, was versprochen wurde: Der Kuchen zergeht förmlich auf der Zunge … wunderbar lecker! Im Winter, so berichtet Jean, heizt er den kleinen Ofen an. Seine Gäste rücken dann ganz nah zusammen. Würde ich im Heusteigviertel wohnen, wäre das »Zimt und Zucker« wohl mein zweites Wohnzimmer.

Weißenburgstraße 2C, 70180 Stuttgart,
Telefon (07 11) 91 27 51 98, www.zimtundzuckerstuttgart.de
Öffnungszeiten: Dienstag bis Samstag 10 bis 18 Uhr,
Sonntag ab 10 Uhr.

28 | Stuttgart

Nomen est omen

Such & Find

Regional Einkaufen

Früher war eine Märklin-Modelleisenbahn das Maß aller Dinge. Speziell an Weihnachten hatten die filigran gearbeiteten Lokomotiven und Waggons im H0-Maßstab 1:87 einen festen Platz unterm festlich ge-

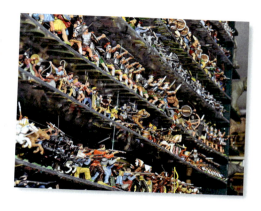

schmückten Tannenbaum. Irgendwann waren Märklin & Co. out. Die Zeit, in der sich Jungs nichts sehnlicher wünschten als eine Modelleisenbahn, schien vorbei zu sein. Mittlerweile sind Sammelstücke aus der Kindheit jedoch wieder schwer in Mode. Wer einen Blick in das Ladengeschäft »Such und Find« wirft, zweifelt keine einzige Sekunde daran. Kein Quadratzentimeter, der nicht von einer Lok oder einem Wagen belegt wäre – vom Fußboden bis hinauf unter die Decke stapeln sich Modelleisenbahn-Schätze. Nicht wenige Stücke stammen aus aufgelösten Sammlungen und sind zu fairen Preisen zu haben. Ebenfalls im Angebot: Blechspielzeug, Modellautos, Bücher, Comics und CDs. Für alle, die nach dem Lieblingsstück aus der Kinder- oder Jugendzeit suchen, ist »Such und Find« ein Paradies.

Mozartstraße 38, 70180 Stuttgart,
Telefon: (07 11) 6 07 10 11, www.suchundfind-stuttgart.de
Öffnungszeiten: Montag bis Freitag 9 bis 18 Uhr,
Samstag 10 bis 14 Uhr.

29 | Stuttgart

Expedition ins Bierreich

Cast-Brauerei

Regional Einkaufen

Daniel Bleicher ist Bierpionier. In seiner kleinen Brauerei, unscheinbar in einem Hinterhof gelegen, setzt er seine ganz persönliche Vision des perfekten Bieres um. Jeden Monat produziert er ein oder zwei unterschiedliche Sorten. Kein Einheitssud, sondern interessante geschmackliche Varianten. Zum Beispiel das »California Ale«, das

nach einem Originalrezept aus San Francisco gebraut wird. Drei verschiedene Hopfensorten aus den USA verleihen diesem Bier seinen typischen litschi-, zitronen- und grapefruitartigen Geschmack. Die Abfüllung erfolgt direkt vom Tank in die Bügelflasche, garantiert frisch und frei von irgendwelchen Transportwegen. Biere der Cast-Brauerei gibt es in keinem Supermarkt, der Verkauf erfolgt direkt »ab Rampe«. Umgeben vom Angebot der großen Brauereien mag dies ein verrückter Plan sein, doch Daniel Bleicher vertraut darauf, dass seine handwerklich perfekt gebrauten Erzeugnisse auch inmitten eines hart umkämpften Marktes ihre Nische finden. Die Chancen stehen nicht schlecht, schließlich gibt es einen Trend hin zu kleinen, auf besondere Sorten spezialisierten Mikrobrauereien. Außerdem sind die feinen Cast-Biere richtig gut gemacht – der Weg ins Stuttgarter Heusteigviertel lohnt sich.

Schlosserstraße 20/1, 70180 Stuttgart,
Telefon (07 11) 12 15 26 94, www.cast-brauerei.com
Öffnungszeiten: Mittwoch bis Freitag 10 bis 18.30 Uhr, Samstag
10 bis 16 Uhr. Auf der Website wird publiziert, welche Sorten aktuell
angeboten werden.

30 | Waiblingen
Típico español

Tapas-Bar »Teneria«

Essen & Genießen

Spätestens seit meinem Roman »Das Busorakel« wissen Sie, wie sehr ich von Barcelona fasziniert bin. Mit den ersten Sonnenstrahlen die Uferpromenade entlangjoggen, danach die Zehen in den Sand graben und den Blick aufs Mittelmeer genießen, im Gotischen Viertel eine Tapas-Pause einlegen und den Abend am Port Olímpic ausklingen lassen … keine Frage: Ein Wochenende in Barcelona hat das gewisse Etwas. Leider lässt mir meine Arbeit immer seltener Zeit für eine kurze Flucht in den Süden. Nun, wenn meine Liebe zu Barcelona und zur spanischen Küche nicht vor Ort gepflegt werden kann, dann eben in Waiblingen. Das »Teneria« mit seinem wöchentlich wechselnden, sehr leckeren Tapas-Angebot lockt mich immer wieder an den Mühlkanal. Mindestens ebenso authentisch wie die Küche ist auch der Service des Hauses: Unter dem Motto »Flying Tapas« werden laufend frische Tapas angeboten, zugreifen kann man ganz nach Lust und Laune. Die Zahnstocher der konsumierten Tapas sammelt man in einem Gläschen und am Ende des Abends wird abgerechnet. Und wenn man an einem Sommerabend draußen in der schiffsähnlichen Veranda über dem Remsarm sitzt, ist Barcelona auch nicht mehr gar so weit weg.

Bädertörle 19, 71332 Waiblingen,
Telefon (0 71 51) 1 33 15 12, www.teneria.de
Öffnungszeiten: Mittwoch bis Samstag ab 17 Uhr, von Juni
bis August auch Sonntag ab 17 Uhr.

31 | Weinstadt
Anziehungspunkt für Genussmenschen

»Häckermühle«

Essen & Genießen

Kennen Sie »Und täglich grüßt das Murmeltier«? Den Film, in dem »Phil Connors« alias Bill Murray in einer Zeitschleife festsitzt? Und täglich ein und denselben Tag durchlebt? Genau in dieser Zeitschleife wäre ich gerne gefangen, sobald ich an einem Tisch in der »Häckermühle« Platz nehme. Der Schwäbische Rostbraten oder die Kalbsleber mit karamellisierten Apfelscheiben aus der Küche von Antonio Amador sind so lecker, dass man sich glatt eine Wiederholung wünscht. Und noch eine. Und noch eine …

Brückenstraße 9, 71384 Weinstadt-Großheppach, Telefon (0 71 51) 60 05 06, www.haeckermuehle.com Öffnungszeiten: Montag bis Freitag 11.30 bis 14 Uhr und ab 17.30 Uhr, Samstag ab 17.30 Uhr, Sonntag 11.30 bis 14 Uhr und ab 17.30 Uhr.

32 | Winnenden
Siegeszug der Kaffeebohnen

Explorer Coffee Kontor

Regional Einkaufen

Die Inhaber der Kaffeemanufaktur Explorer Coffee pflegen viele persönliche Kontakte zu Plantagenbesitzern rund um den Globus. Diese Verbindungen, ein riesiger Erfahrungsschatz rund um das Thema

»Kaffee« und die besonders schonende Veredelung der Kaffeebohnen bilden die Basis für ein außergewöhnliches Sortiment: Espressi, Moccas, Bio-Kaffees und viele weitere Sorten werden in der Winnender Markthalle im kleinen, aber feinen Ladengeschäft »Das Kontor« gehandelt. Besonders seltene Kaffees, wie beispielsweise Kona aus Hawaii oder Skybury aus Australien, werden nur auf Kundenwunsch geröstet. Wo sonst gibt es ein derart exklusives Kaffeeangebot?

Wiesenstraße 28, 71364 Winnenden,
Telefon (0 71 95) 9 06 08 31, www.explorercoffee.de
Öffnungszeiten: Montag bis Freitag 8 bis 20 Uhr,
Samstag 8 bis 18 Uhr.

SCHWÄBISCHE ALB – OSTALB
Sonntags Ausflüge 2

ESSEN & GENIESSEN

ANSCHAUEN & ERLEBEN

FAMILIEN-ZIELE

REGIONAL EINKAUFEN

ÜBER NACHT

33 | Aalen
Nächster Halt: Unter Tage

Besucherbergwerk Tiefer Stollen

Anschauen & Erleben | Familien-Ziel

Vom Jurameer bis zur fertigen Kurbelwelle: Im Bergwerk Tiefer Stollen wird der Weg von der Eisenerz-Gewinnung bis hin zur Verarbeitung in Szene gesetzt. Zunächst geht's mit der Grubenbahn 400 Meter tief ins Berginnere, gefolgt von einem Rundgang unter Tage. Im Felsendom werden die unterschiedlichen Gesteinsschichten sowie Sicherungsmaßnahmen präsentiert, thematisiert werden auch die schwierigen Arbeitsbedingungen. Besonders spektakulär ist die Teilnahme an einer Sonderführung. Ausgestattet mit einem wasserfesten Overall, Gummistiefeln, Helm und Grubenlampe werden stillgelegte und verlassene Grubenbereiche außerhalb der offiziellen Besucherbereiche durchstreift.

Erzhäusle 1, 73433 Aalen,
Telefon (0 73 61) 97 02 49, www.bergwerk-aalen.de
Öffnungszeiten: Saison von Ende März bis Anfang November,
Dienstag bis Sonntag ab 9 Uhr. Beginn der letzten Führung am
Nachmittag um 16 Uhr. Montag ist Ruhetag, ausgenommen Oster-
und Pfingstmontag. Die Temperatur im Bergwerk liegt bei elf Grad
(bitte denken Sie an entsprechende Kleidung). Teilnahme an Sonder-
führungen nur nach vorheriger Reservierung.

34 | Adelberg
Diese Mühle hat viele tolle Seiten

»Zachersmühle«

Anschauen & Erleben | Essen & Genießen

Was für eine Mischung! In der »Zachersmühle«, mitten im Wald an einem Bach gelegen, kann man nicht nur ein kühles Bier oder leckere Regionalküche genießen, sondern auch bei einem Salsa-Kurs mitmachen, eine Eseltrekking-Tour unternehmen oder sich beim Kleinkunstabend vergnügen. Sommerkino unter freiem Himmel zählt ebenfalls zum festen Programm der »Zachersmühle«: Ende Juni werden eine Kinowiese mit 600 Plätzen, Popcornverkauf und Lagerfeuer eingerichtet und die schönsten Filme der vergangenen Jahre ausgestrahlt. Viele Kleinkünstler, die heute groß sind oder meinen, groß zu sein, haben in der »Zachersmühle« schon einmal gespielt. Deshalb gehen wir auch alle immer gern wieder dorthin zurück.

Zachersmühle 1, 73099 Adelberg,
Telefon (0 71 66) 2 55, www.zachersmuehle.de
Öffnungszeiten: 1. Mai bis 31. August, Montag bis Samstag ab
12 Uhr, Sonn- und Feiertag ab 10 Uhr. 1. September bis 30. April,
Mittwoch bis Freitag ab 17 Uhr, Samstag ab 12 Uhr, Sonn- und
Feiertag ab 10 Uhr.

35 | Albstadt
Superlässiger Bikespot

Bikepark Albstadt

Anschauen & Erleben

Alles andere als Langeweile herrscht in Albstadt auf der Schwäbischen Alb. Mitten im Erlebnis-Epizentrum zwischen Ontsmettingen,

SCHWÄBISCHE ALB – OSTALB

Pfeffingen, Ebingen und Burladingen gelegen, stehen im Bikepark Albstadt mehrere Parcours zur Verfügung. Auf verschiedenen Strecken, beispielsweise »The Castle Trails«, »Eightball Trail« (kurz, aber spannend) oder »Nordschleife« (speziell für Anfänger), finden sowohl Anfänger als auch Profis ihr perfektes Terrain. Ein Traum für jeden Mountainbiker, der Spaß haben möchte, ohne riskieren zu müssen, dass ein Förster mit erhobenem Zeigefinger dasteht und auf Durchfahrtsverbote verweist.

Melbernsteigstraße 43, 72461 Albstadt-Tailfingen, Telefon (01 72) 7 60 33 20, www.bikepark-albstadt.de Öffnungszeiten: Ende März bis Ende Oktober samstags, sonntags und an Feiertagen 10 bis 17 Uhr, Brückentage sowie freitags (Juni bis September) 13 bis 19 Uhr. Im Bikepark gilt Protektorenpflicht. Vor Ort können Mountainbikes sowie Protektoren und Helme ausgeliehen werden.

36 | Albstadt
Pack die Badehose ein

Naturbad Albstadt

Anschauen & Erleben | Familien-Ziel

Wohin nach den Runden im Bikepark? Das Naturbad Albstadt, keine drei Kilometer vom Bikepark entfernt, ist genau der richtige Ort! Wer Ruhe sucht, kann sich auf der großen Liegewiese oder der Sonnenterrasse entspannen. Wer noch immer über Energiereserven verfügt, kann sich am Sprungfelsen austoben oder schwimmend seine Bahnen ziehen. Gereinigt wird der Badesee übrigens im Zusammenspiel mit einem separat angelegten Regenerationsteich. Diesem wird das Badewasser zugeführt, dort auf rein biologische Weise gereinigt und als sauberes Wasser dem Naturbad wieder zugeführt. Umweltschonender geht's nicht.

Übrigens: Natürlich muss man vorher kein Mountainbike-Training absolvieren, um diese Naturoase zu genießen. Ein schöner Sommertag ist Grund genug für einen Besuch im Naturbad!

Naturbad Albstadt, Freibadstraße, 72461 Albstadt-Tailfingen, Telefon (0 74 32) 160-3999, www.albstadtwerke.de/ baeder/b_naturbad.htm Öffnungszeiten: Mitte Mai bis Mitte September, montags bis sonntags 7 bis 20 Uhr.

37 | Amstetten

In der Holzklasse über die Schwäbische Alb

Alb-Bähnle

Anschauen & Erleben

Ein Reisegefühl wie anno dazumal: Das Alb-Bähnle, von ehrenamtlichen Vereinsmitgliedern der Ulmer Eisenbahnfreunde betrieben, verkehrt zwischen Amstetten und Oppingen auf einer Strecke, die vor über 120 Jahren gebaut wurde. Gezogen von historischen Dampf- und Diesellokomotiven wird die 5,7 Kilometer lange Strecke in rund 25 Minuten bewältigt. Angekommen in Oppingen geht's nach einer Verschnaufpause für die Lokomotive und den Heizer auf dem gleichen Weg wieder zurück.

SCHWÄBISCHE ALB – OSTALB

*Ulmer Eisenbahnfreunde e. V.,
Sektion Alb-Bähnle, www.albbaehnle.de
Informationen: Ausgangspunkt ist der Bahnhof in Amstetten (Am
Bahnhof 3, 73340 Amstetten). Betriebstage von Mai bis Oktober
sowie im Dezember.*

38 | Bad Urach

Angeln für jedermann

Ermstalfischerei

Anschauen & Erleben

Stäbchenfisch aus der Tiefkühltruhe? Nee, muss nicht sein. Ein ganz besonderer Leckerbissen sind beispielsweise fangfrische Forellen der Ermstalfischerei. Im glasklaren Quellwasser der Anlage tummeln sich Regenbogenforellen, Lachsforellen und Saiblinge. Direkt aus den Teichen heraus darf sogar selbst geangelt werden, ein spezieller

Angelschein ist hierfür nicht erforderlich. Das Equipment – Angel und Unterfangkescher – kann vor Ort geliehen werden, als Köder wird Mais zur Verfügung gestellt. Immer samstags wird der Räucherofen angeheizt, frisch geräucherte Spezialitäten werden ebenso

angeboten wie küchenfertige Forellen und Saiblinge. Perfekt – sollte kein Fisch anbeißen, muss man dennoch nicht mit leeren Händen nach Hause gehen.

Enge 1, 72547 Bad Urach-Seeburg,
Telefon (0 71 25) 93 38 62, www.ermstalfischerei.de
Öffnungszeiten: Dienstag bis Sonntag 9 bis 17 Uhr. Montag ist
Ruhetag, ausgenommen ein Feiertag fällt auf einen Montag, im
Januar und Februar ist sonntags geschlossen.

39 | Bartholomä
Eindrücke statt Prämienmeilen sammeln

Im Segelflugzeug über die Ostalb

Anschauen & Erleben

Ein kurzer Ruck und das Segelflugzeug schießt extrem steil in den Himmel hinauf; von null auf einhundert in drei Sekunden; ein fast brachiales Gefühl, vergleichbar mit dem Start einer Katapult-Achterbahn. Atemberaubend, was die Winde für einen Zug drauf hat. Dann, unmittelbar nach dem Ausklinken des Seils, das absolute Gegenprogramm: In 350 Meter Höhe beginnt das fast lautlose, filigrane Kreisen auf der Suche nach Thermik. Perfekte Bedingungen vorausgesetzt, kann ein Segelflug mehrere Stunden dauern – herrliche Blicke auf die Ostalb inklusive. Ohne Aufwinde geht's nach kurzer Zeit wieder zurück auf den Segelflugplatz. Die Fliegergruppe Fellbach, die im knapp 80 Kilometer entfernten Bartholomä ihre Basis eingerichtet hat, bietet Schnupperflüge im zweisitzigen Segelflugzeug an. Ideal für alle, die sich für diesen faszinierenden Sport interessieren und die Fliegerei jenseits von Jetlag, Premium-Lounge und Tomatensaft erleben möchten.

SCHWÄBISCHE ALB – OSTALB

www.fliegergruppe-fellbach.de
Informationen: Das Segelfluggelände befindet sich in Bartholomä-Amalienhof (Wolf-Hirth Straße 25, 73566 Bartholomä). Segelflugbetrieb an Wochenenden bei gutem Wetter; im Winter werden die Segelflugzeuge in der vereinseigenen Werkstatt in Fellbach repariert, gewartet und für die nächste Saison fit gemacht. Vor einem Besuch auf dem Segelflugplatz unbedingt anrufen und abstimmen, ob auch tatsächlich geflogen wird: Während der Sommerzeit dienstags und donnerstags ab 19.30 Uhr telefonisch unter (07 11) 57 32 50.

40 | Eschach
Der Chaostheorie auf der Spur

Schwäbisches Bauern- und Technikmuseum Seifertshofen

Anschauen & Erleben | Familien-Ziel

Wer in einem Museum klare Strukturen, eine akkurate Präsentation und fundiert ausgearbeitete Beschriftungen erwartet, ist hier falsch. Im Schwäbischen Bauern- und Technikmuseum von Eugen Kiemele ist so manches anders, über eine museale Konzeption scheint man hier großzügig hinwegzusehen. Hunderte Ausstellungsstücke stehen in den Hallen dicht aneinandergedrängt, im Außenbereich gewinnt die Natur bei vielen Exponaten die Oberhand. Und genau diese Art der Präsentation macht den ganz besonderen Reiz dieses Museums

aus: Es ist die Mischung aus verwunschenem Garten, proppenvollem Dachboden und Schrottplatz, die diesen Ort einzigartig macht. Kaum vorstellbar, mit welch riesiger Sammelleidenschaft Eugen Kiemele ausgestattet sein muss. Rund 30 Flugzeuge und Hubschrauber, mehrere Panzer und Haubitzen, über

70 Traktoren, zahlreiche Personenwagen, eine Straßenbahn und sogar eine 140 Tonnen schwere Dampflokomotive hat er im Laufe der Jahre zusammengetragen. Verfehlen kann man das Areal übrigens nicht: Eine russische Mig und mehrere Panzer sind direkt neben der Landesstraße positioniert, vermutlich deshalb, weil in den Innenräumen des Museums schlichtweg bereits jeder Quadratzentimeter belegt ist.

Marktstraße 5, 73569 Eschach-Seifertshofen,
Telefon (0 79 75) 3 60, www.museum-kiemele.de
Öffnungszeiten: im Sommer Mittwoch bis Sonntag 10 bis 18 Uhr, von April bis Ende Oktober zudem an allen Ferientagen. Im Winter gelten geänderte Öffnungszeiten. Tipp: Jeden Freitag von 9 bis 16 Uhr sowie jeden 1. und 3. Samstag im Monat von 9 bis 14 Uhr hat man beim Flohmarkt beste Chancen auf ein ausgefallenes Sammlerstück.

41 | Geislingen an der Steige

Harte Schale, weicher Keim

Straub Mühle

Regional Einkaufen

Brot ist eines der beliebtesten und gleichzeitig wichtigsten Nahrungsmittel in unserem Land. Besonders lecker und gesund ist es natürlich selbst gebacken und aus besten Zutaten. Diese bekommt man in der Mühle der Familie Straub, die das Müllerhandwerk in der 13. Generation betreibt. Im Mühlenladen sind handwerklich einwandfreie Mehle aus eigener Herstellung erhältlich, so zum Beispiel Weizen-, Roggen- und Dinkelmehl. Darüber hinaus bietet das Sortiment ein breites Angebot an Nudeln, Dinkelprodukten und Müslisorten. Neueste Initiative von Familie Straub ist das Gütesiegel »Schwabenähre«, das eine lückenlose Qualitätskontrolle vom Feld bis zur Ladentheke garantiert. Direkt angeschlossen an den Mühlenladen ist übrigens das Mühlencafé. Hier kann man sich Kaffee und Kuchen, ein herzhaftes Vesper oder ein leckeres Bauernhof-Eis schmecken lassen. Bei schönem Wetter lädt die Terrasse nach einer Wanderung durch das Rohrachtal zur Rast ein.

Schimmelmühle 1, 73312 Geislingen an der Steige, Telefon (0 73 31) 72 32, www.straub-muehle.de Öffnungszeiten Mühlenladen: Montag bis Freitag 8.30 bis 18 Uhr, Samstag 8.30 bis 12.30 Uhr. Öffnungszeiten Mühlencafé: Dienstag bis Freitag 10 bis 19 Uhr, Samstag und Sonntag 10 bis 20 Uhr. Saisonale Öffnungszeiten während des Winters werden auf der Website publiziert.

42 | Hohenstein
Appetit auf der Alb? Speidel's!

»Speidel's Braumanufaktur«

Essen & Genießen | Über Nacht

In ländlich geprägten Regionen findet sich in vielen Ortschaften mindestens eine Gaststätte, die den Namen Sonne oder Linde, Löwen oder Hirsch, Krone oder Adler trägt. Denn im Gegensatz zu Einrichtungen wie etwa dem örtlichen Postamt oder dem kleinen Supermarkt um die Ecke, die sich längst dem betriebswirtschaftlichen Diktat ferner Führungsetagen beugen und aus dem Dorf verschwinden mussten, sind diese Gasthäuser auch heute noch ein wichtiger Bestandteil des dörflichen Lebens. In nicht wenigen Häusern wird man in allerbester Gasthaustradition und mit hausgemachter Küche empfangen. Zum Beispiel im Brauereigasthof

Lamm in Hohenstein-Ödenwaldstetten. Wer im rustikalen Gastraum Platz nimmt, freut sich auf Alblamm-Häxle vom Schäfer Stotz, auf Speidel's Biersuppe mit Hopfennocken, auf Albkäse-Spätzle mit Rahmsößle und ein frisch gezapftes Bier aus der eigenen kleinen Braumanufaktur. Geboten wird eine Qualität, die sich mit Fug und Recht weit über die Alb hinaus herumgesprochen hat. Ergänzt werden das Wirtshaus und die Brauerei um ein Hotel mit 36 Zimmern. Das geradlinige Design des Braumanufaktur-Hotels bietet hierbei einen tollen Kontrast zu den benachbarten traditionellen Gebäuden, die Zimmer sind ansprechend möbliert und strahlen eine angenehme Wärme und Natürlichkeit aus.

Im Dorf 5, 72531 Hohenstein-Ödenwaldstetten,
Telefon (0 73 87) 98 90-0, www.speidels-braumanufaktur.de
Öffnungszeiten: Montag bis Samstag 11.30 bis 22.30 Uhr (warme
Küche 11.30 bis 14 und 18 bis 21.30 Uhr). Sonntag und an Feier-
tagen 11.30 bis 19.30 Uhr (durchgehend warme Küche).

43 | Rosenberg
Schlummern unter Baumwipfeln

Baumhaushotel »Wipfelglück«

Über Nacht

Bei einem ungemütlichen Hotel möchte man am liebsten davonrennen und das Wochenende oder den Urlaub abbrechen. Dagegen bleibt einem ein schönes Haus ein Leben lang in allerbester Erinnerung. Eine Unterkunft, die nicht nur ein Abenteuer verspricht, sondern allein schon eine Reise wert ist, befindet sich direkt am Fränkisch-Schwäbischen Jakobsweg: das Baumhaushotel »Wipfelglück« in Rosenberg. Die »Wipfelglück«-Baumhäuser sind rund 25 Quadratmeter groß und für bis zu vier Personen ausgelegt. In fünf Metern Höhe wohnt man mitten in den Bäumen; Lieblingsplatz ist die kleine Terrasse, die spannende und naturnahe Perspektiven bietet. Für Romantiker und Menschen, die auch einer puristischen Unterkunft ohne Dusche einen gewissen Reiz abgewinnen können, ist das Baumhaus ideal. Besonderes Highlight: Das Frühstück wird morgens im Picknickkorb geliefert.

Hüttenhof 5, 73494 Rosenberg,
Telefon (0 61 55) 8 48-550, www.wipfelglueck.de
Informationen: Das Baumhaushotel ist ganzjährig geöffnet. Jedes Baumhaus ist mit einer umweltfreundlichen Trockentoilette ausgestattet, Duschen können im nahen Campingplatz genutzt werden.

44 | Wendelsheim

Lesertipp von Elisabeth Mezger

Märchensee

Anschauen & Erleben

»Wenn man bei der Wurmlinger Kapelle ist, liegt Wendelsheim nicht weit davon weg, dort gibt es den Märchensee. Der See selbst ist nicht so groß, liegt im Wald und ist ganz bedeckt mit Wasserlinsen. Das Drumherum hat mich beeindruckt, wunderschön, um dort entlangzuspazieren.« Liebe Elisabeth Mezger, vielen Dank für diesen Tipp ... hört sich richtig spannend an! Ein maximales Programm bei minimalem organisatorischen Aufwand. Also: Picknick zusammenstellen, Märchenbuch mitnehmen, das schon mächtig gespannte junge Publikum ins Auto packen und nach Wendelsheim fahren. Ausgehend vom Parkplatz geht's zunächst auf einem gut befestigten Weg in Richtung Pfaffenberg, danach steil bergauf und die letzten Meter auf einem Schotterweg bis an den See. In gemütlichem Tempo ist die Strecke in 20 Minuten zurückgelegt – auch für kleine Wanderer oder mit dem Kinderwagen problemlos machbar. Direkt am Märchensee wird eine spannende Geschichte

vorgelesen und danach darf der Picknick-Korb geplündert werden: Wenige Gehminuten entfernt, oberhalb des Märchensees, befindet sich ein toller Picknick-Platz mit prächtigem Panoramablick über das Dorf Wendelsheim und die Region. Ein toller Ausflug!

Informationen: Ausgangspunkt ist der Parkplatz am Ende der Steinbruchstraße in 72108 Wendelsheim. Der Weg zum Märchensee ist ausgeschildert.

45 | Zwiefaltendorf

Hand- und Hausgemachtes mit Pfiff

»Brauerei Blank«

Essen & Genießen | Regional Einkaufen

In Zwiefaltendorf betreibt Familie Blank in der nunmehr vierten Generation ihren Brauereigasthof, der für seine traditionell zubereiteten Gerichte bekannt ist. Ich probiere hausgemachte Maultaschen in der Brühe und bin begeistert. Der Schwäbische Zwiebelrostbraten mit Krautspätzle, der am Nachbartisch serviert wird, sieht ebenfalls ausgesprochen lecker aus. Zum Trinken wird viel Selbstgemachtes serviert. Zum Beispiel das »Blank's Naturtrübes«, ein ungefiltertes Pilsner, das mit allen wertvollen Vitaminen und Vitalstoffen der Bierhefe auf den Tisch und ins Glas kommt. Auch Most und Apfelsaft sowie 15 verschiedene Schnäpse und Liköre werden in der eigenen Mosterei und Brennerei hergestellt. Die selbstgebrauten Biere reifen übrigens in zehn Metern Tiefe. Bei der Erweiterung des Bierkellers ist Thomas Blanks Großvater auf eine Tropfsteinhöhle gestoßen, die sich direkt unter dem Areal befindet. Nach Absprache ist ein Blick in die Höhle möglich.

Von-Speth-Straße 19, 88499 Zwiefaltendorf, Telefon (0 73 73) 6 43, www.brauerei-blank.de
Öffnungszeiten: Montag bis Samstag 11 bis 21.30 Uhr (an Werktagen kleine Karte von 13.30 bis 17 Uhr).

DONAUTAL – ILLER – ULM

Sonntags Ausflüge 3.

ESSEN & GENIESSEN

ANSCHAUEN & ERLEBEN

FAMILIEN-ZIELE

REGIONAL EINKAUFEN

ÜBER NACHT

46 | Beuron

Übernachtung hinter Klostermauern

Erzabtei St. Martin zu Beuron

Über Nacht

Ich bin dann mal weg. Spätestens seit Hape Kerkeling in seinem Erfolgsroman über seine persönlichen Erfahrungen auf dem Jakobsweg berichtet hat, sind Pilgertouren in aller Munde. Um über Gott und die Welt nachzudenken, muss man sich aber nicht zwingend auf eine 800 Kilometer lange Wanderung von Frankreich bis nach Santiago de Compostela machen. Zu sich und zu seinem Glauben findet man auch bei einer Tour entlang der Schwäbischen Alb, durch den Schwarzwald oder das Donautal. Noch intensiver wird die innere Einkehr, wenn man in einem Kloster übernachtet. Zum Beispiel in Beuron. Pilger haben dort die Möglichkeit, im Gästeflügel der Erzabtei St. Martin zu Beuron unterzukommen. Zur Verfügung stehen 43 Zimmer, rund die Hälfte davon bietet einen eigenen Sanitärbereich. Auch längere Aufenthalte und Teilnahme an Kursen sind möglich. Die Mönche setzen sich engagiert dafür ein, das Kloster als Ort des Dialogs und des Zuhörens zu positionieren.

Abteistraße 2, 88631 Beuron, Telefon (0 74 66) 17-0,
www.erzabtei-beuron.de

Informationen: Übernachtungsgäste können an Wochentagen zwischen 14 und 17.30 Uhr, an Sonn- und Feiertagen zwischen 16 und 17.30 Uhr anreisen. Die Klosterkirche ist ganzjährig von 5 bis 20 Uhr geöffnet und kann außerhalb der Gottesdienstzeiten besichtigt werden. Das Kloster selbst kann nicht besichtigt werden. Die Klosterbuchhandlung ist täglich von 8.30 bis 17.30 Uhr (auch samstags und sonntags) geöffnet.

47 | Neuhausen ob Eck
Übernachten im Hotel mit Hangar

Hotel »Wolke 7«

Über Nacht

Einmal im Jahr fallen 60 000 Musikfans in Neuhausen ob Eck ein, um beim »Southside Festival« zu feiern; die dreitägige Megasause mit 100 Bands ist eines der größten Openair-Festivals in Deutschland. Danach versprüht das Areal wieder den Charme eines Gewerbegebietes mit angeschlossenem Flughafen. Ein Besuch lohnt sich aber auch außerhalb des Openair-Wochenendes. In Sichtweite zum Rollfeld, im Gebäude des Unternehmens Aircraft Services, sind ein Hangar und das Hotel »Wolke 7« untergebracht. Das Hotel punktet mit einfachen, aber schönen Zimmern und einer Lobby, über der ein Helikopter in Originalgröße schwebt. Auch der Name ist stimmig: Vom Hotelzimmer bis zum Hangar, in dem Helikopter auf ihren Einsatz warten, sind es nur wenige Schritte. Wer rechtzeitig einen Hubschrauber chartert, kann sich hoch in den Himmel – bis auf Wolke 7 – tragen lassen.

take-off GewerbePark 84, 78579 Neuhausen ob Eck,
Telefon (0 74 67) 94 91 80, www.aircraft.ch

48 | Ochsenhausen
Lesertipp von Alexandra Mebus

Waldfreibad Ziegelweiher

Anschauen & Erleben

»Gefreut hat es mich ganz besonders, dass Ochsenhausen einen Platz im Buch ›Ein perfekter Sonntag‹ gefunden hat. Ochsenhausen ist ein Geheimtipp, egal, ob Öchsle, Ziegelweiher oder auch das Stadt Café Hampp. Ich würde mich freuen, wenn Ochsenhausen auch in zukünftigen Ausgaben seinen Platz darin findet!« Liebe Alexandra Mebus, ein Ausflugsführer ohne Ochsenhausen? Undenkbar! Ihr Feedback habe ich zum Anlass genommen und das Waldfreibad Ziegelweiher besucht. Der mit Quellwasser gespeiste Natursee, inmitten wunderschöner Wiesen mit herrlichem Baumbestand, der auch an heißen Tagen schattige Plätze bietet, ist ein wunderbarer Ort zum Entspannen. Es würde mich nicht wundern, wenn wir uns demnächst am See über den Weg laufen!

Ziegelweiher 1, 88416 Ochsenhausen
Öffnungszeiten: Mai bis Mitte September, Montag bis Sonntag 9 bis 20 Uhr. Vor Ort stehen Umkleidekabinen, Duschen, sanitäre Einrichtungen sowie ein Café zur Verfügung.

49 | Pfullendorf
Fast wie am Meer

Seepark Linzgau

Anschauen & Erleben | Familien-Ziel

Wer glaubt, man muss erst hunderte von Kilometern über die Alpen fahren, um Wasserski fahren zu können, der irrt. Wesentlich näher liegt der Seepark Linzgau in Pfullendorf, der eine der modernsten Wasserskianlagen des Landes bietet. Lassen Sie sich auf der 860 Meter langen Strecke das Wasser und den Wind um die Ohren sausen oder starten Sie erst mal mit einem Anfängerkurs. Wer das feuchte Nass meiden will, kann sich auf der benachbarten Abenteuer-Golfanlage vergnügen. Wer dort einlocht, erlebt, wie der Golf-

ball Seilbahn fährt oder eine Melodie auslöst. Und keine Angst, wenn es mal wieder länger dauert: Die Anlage ist abends beleuchtet!

Bannholzerweg 18, 88630 Pfullendorf, www.seepark-linzgau.de
Öffnungszeiten Seepark-Golf: Montag bis Freitag 11 bis 19 Uhr, Samstag und Sonntag sowie an Feiertagen und während der Schulferien Baden-Württemberg 10 bis 20 Uhr. Öffnungszeiten Wasserski-Park: Mai bis Ende der Sommerferien täglich 12 Uhr bis Sonnenuntergang, April und September eingeschränkte Öffnungszeiten.

50 | Pfullendorf

Gastfreundschaft mit fünf Buchstaben: A-d-l-e-r

Flair Hotel »Adler«

Essen & Genießen | Über Nacht

Im Flair Hotel »Adler« fühlt man sich wie in Pfullendorf. Perfekt! Denn im Gegensatz zu vielen Kettenhotels, die an allen Standorten und in allen Zimmern stets mit identischen Farben, Einrichtungen und Bildern langweilen, ist im Adler alles individuell arrangiert. Das charmante familiengeführte Hotel ist ideal für das Wochenende zu zweit oder auch als Ausgangspunkt für eine Fahrradtour mit Freunden. Im »Zauberlehrling« und im »Felsenkeller«, dem äußerst sehenswerten Kellergewölbe aus Sandstein mit Gängen und Höhlen, wird man mit

feiner regionaler Küche verwöhnt. Schönster Ort für den Ausklang eines ereignisreichen Tages ist die wunderschöne Terrasse, die in den Sommermonaten zum Verweilen einlädt.

*Heiligenberger Straße 20, 88630 Pfullendorf,
Telefon (0 75 52) 92 09-0, www.adler-hotel.de
Öffnungszeiten: Restaurant und Bistro »Zauberlehrling«
täglich 11.30 bis 14 Uhr und 18 bis 22 Uhr, Bar und Restaurant
»Felsenkeller« täglich ab 18 Uhr.*

51 | Tuttlingen

Von wegen altes Eisen

Deutsches Dampflokmuseum

Anschauen & Erleben | Familien-Ziel

Als das Ende der Ära der Dampflokomotiven eingeläutet wurde, ereilte fast alle Stahlrösser das gleiche Schicksal: Die ausgemusterten Lokomotiven wurden zerlegt, der Stahl wurde eingeschmolzen. Familie Girrbach würde die Verschrottung einer historischen Lok nicht übers Herz bringen. Privat finanziert haben sie in Tuttlingen das ehemalige Bahnbetriebswerk erworben, um über eine ausreichend große Stellfläche für ausrangierte Dampflokomotiven zu verfügen. Insgesamt 26 der ehemals schnaufenden Stahlgiganten wurden vor der Verschrottung gerettet und nach Tuttlingen gebracht. Mit dem Ziel, diese für die Nachwelt zu erhalten. Mehrere Exemplare sind in einem Ringlokschuppen untergebracht, davor befindet sich eine funktionsfähige 21-Meter-Drehscheibe. Im Außenbereich gewinnt allmählich die Natur die Oberhand und der immense Restaurationsaufwand ist unübersehbar. Aber genau das macht den Reiz des Areals aus. Anschaulicher könnte man das Ende der Dampflok-Ära nicht darstellen.

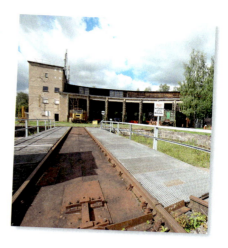

Bahnbetriebswerk, 78532 Tuttlingen,
Telefon (0 74 61) 9 11 68 27, www.bahnbetriebswerk-tuttlingen.de
Öffnungszeiten: Saison von Anfang Mai bis Anfang Oktober, Sonn- und Feiertage 10 bis 17 Uhr. Anfahrt über das Gewerbegebiet »Möhringen« (Navigation: Alemannenstraße, 78532 Tuttlingen). Auf den letzten 900 Metern bis zum Bahnbetriebswerk (ab Haltestelle »Tuttlingen Gänsäcker«) teilen sich Fußgänger, Radfahrer und motorisierte Fahrzeuge den Weg – bitte langsam fahren!

52 | Ulm
Gesunde Erfrischungen in nächster Nachbarschaft zum Ulmer Münster

»Fruchtrausch«

Essen & Genießen

Nach dem Aufstieg auf das Ulmer Münster oder einem Stadtbummel heißt es: Akkus wieder aufladen! Perfekt, dass in nächster Nachbarschaft zum Münster leckere Vitamine zum Trinken angeboten werden. In der Smoothie-Bar »Fruchtrausch« werden erntefrisches Obst und Gemüse zu schmackhaften, vitaminreichen Getränken verarbeitet. Im Vergleich zum abgepackten Supermarkt-Smoothie aus dem Kühlre-

gal hat »Fruchtrausch« ganz klar die Nase vorne: Jedes Getränk wird erst auf Bestellung zubereitet, frischer geht's nicht. Ideenreichtum beweisen Siegfried Listander und Roland Kremer, die beiden Ladeninhaber, auch bei der Zusammenstellung der Rezepte und Benennung ihrer Produkte. »Zappel Philipp« (Mango, Gurke, Apfel – serviert unter dem Motto »Stress lass nach«), »Tanzender Gorilla« (Mangold, Mango, Orange, Banane) oder »Schönheitsfarm« (Apfel, Ananas, Ingwer, L-Carnitin) machen Appetit und neugierig zugleich. Ebenfalls im Angebot: Frisch geschnittene Obstsalate, eisgekühlte Frozen Yoghurts, Müsli, Sandwiches und täglich wechselnde Suppen.

Hafengasse 1, 89073 Ulm,
Telefon (07 31) 71 67 67-1, www.fruchtrausch.de
Öffnungszeiten: Montag bis Samstag 7.30 bis 21 Uhr,
Sonntag 10 bis 20 Uhr.

53 | Ulm

Authentisch italienische Feinkost

»Signora Maria«

Essen & Genießen | Regional Einkaufen

»Mit dem VW-Käfer nach Bibione …« – auf diese oft zitierte Geschichte werde ich immer wieder angesprochen. Zugegeben, bei der Beschreibung der Platzverhältnisse im Fahrzeug und der Schilderung der Fahrt über die Pässe habe ich etwas übertrieben, doch der Kern der Geschichte trifft auch nach vielen Jahren noch immer zu: Der erste Urlaub in Italien bleibt in Erinnerung. Duftende Zitronenbäume,

Sonne satt, romantische Dörfer, ehrliche Gastfreundschaft und eine Küche zum Verlieben … diese Eindrücke vergisst man nie. Unseren Traum von Italien finden wir irgendwo zwischen Mailand und Sizilien. Oder in Ulm. Richtig gehört – in Ulm! Nur wenige Schritte sind es vom Münsterplatz zur Kramgasse. Dort befindet sich »Signora Maria«, ein Feinkost-Geschäft, das fast die Ausmaße einer kleinen Markthalle annimmt. Es riecht nach Basilikum, ofenfrischer Pizza und Espresso. Auch das Angebot überzeugt: Im Sortiment finden sich original italienische Pasta samt passender Soßen, eine Auswahl der besten Schinken, Weine aus nahezu allen italienischen Anbaugebieten, Antipasti und vieles mehr. Wer möchte, kann bei »Signora Maria« frühstücken oder seine Pause verbringen und feine italienische Spezialitäten gleich vor Ort genießen. Buon appetito!

Kramgasse 4 (Ecke Schuhhausgasse), 89073 Ulm,
Telefon (07 31) 1 41 67 39, www.signoramaria.de
Öffnungszeiten: Montag bis Freitag 8.30 bis 19.30 Uhr,
Samstag 8.30 bis 20 Uhr.

BODENSEE – OBERSCHWABEN
Sonntags Ausflüge 4

ESSEN & GENIESSEN

ANSCHAUEN & ERLEBEN

FAMILIEN-ZIELE

REGIONAL EINKAUFEN

ÜBER NACHT

54 | Bad Buchau

Der Natur auf der Spur

Naturerlebnisse am Federsee

Anschauen & Erleben | Familien-Ziel

Wenn am Federsee der Boden wackelt, ist die Ursache nicht in einem eventuell hochprozentigen, feuchtfröhlichen Vorabend zu suchen. Nein, hier handelt es sich um ein einzigartiges Naturphänomen. Der sogenannte Wackelwald steht auf Moorboden und bei jedem Schritt federt der weiche Untergrund und die Bäume wackeln mit. Mittendurch führt ein Naturerlebnispfad mit acht Stationen, an denen das Naturphänomen erkundet und nach Herzenslust »getestet« werden kann. Spannende Perspektiven bietet auch der nahe Federsee. Der Federseesteg, ein rund 1,5 Kilometer langer Holzsteg, führt durch meterhohes Schilf bis zu einer Plattform mitten im See. Öffentliche Führungen durch den Wackelwald sowie zu den schönsten Stellen am Federsee werden vom NABU angeboten, Ausgangspunkt ist das NABU-Naturschutzzentrum am Federsee.

NABU-Naturschutzzentrum Federsee, Federseeweg 6, 88422 Bad Buchau, Telefon (0 75 82) 15 66, www.nabu-federsee.de Öffnungszeiten Naturschutzzentrum: April bis August, Dienstag bis Freitag 13 bis 17 Uhr, Samstag und Sonntag 11 bis 12 Uhr und 13 bis 17 Uhr. Anfang Januar bis Ende März sowie September bis Mitte Dezember donnerstags 13 bis 17 Uhr. Winterpause von Weihnachten bis 6. Januar.

55 | Bad Schussenried
Mahl-Zeit seit 1275

Ailinger Erlebnismühle

Regional Einkaufen | Über Nacht

Erstmals 1275 urkundlich erwähnt mahlt die Ailinger Mühle bis heute feinstes Mehl. In fünfter Generation wird der Betrieb von den Schwestern Silke und Evelyn Ailinger betrieben und Stück für Stück und mit viel Liebe zum Detail restauriert. Mittlerweile wurde die Mühle um eine eigene Brennerei und einen Hofladen erweitert. Es werden Mühlenführungen und Degustationen des hauseigenen »Mühlengeists« angeboten. Die Kornscheuer kann für Veranstaltungen aller Art gebucht werden und für diejenigen, die länger bleiben wollen und den lauschigen Mühlengarten in den Abendstunden genießen möchten, steht im »Landhaus zur Mühle« eine schöne Ferienwohnung mit voll ausgestatteter Küche zur Verfügung.

Talstraße 25, 88427 Bad Schussenried-Reichenbach,
Telefon (0 75 83) 22 56, www.ailinger-muehle.de
Öffnungszeiten: Montag bis Freitag 9 bis 12 Uhr und 14 bis 17 Uhr,
Mittwoch 9 bis 12 Uhr. Die Ferienwohnung ist buchbar ab drei
Nächten und für zwei bis drei Personen.

56 | Bad Waldsee
Tarzan wäre blass vor Neid

Abenteuer-Kletterpark-Tannenbühl

Anschauen & Erleben

Als Kinder haben wir Lager gebaut und Streifzüge durch die nahen Wälder unternommen. Wir waren mit Freunden unterwegs, das Taschenmesser war fester Bestandteil unserer Ausrüstung und wir

wussten auch damit umzugehen. Wir konnten Pfeil und Bogen und Baumhäuser bauen. Heute dominieren Apps vielfach die Freizeitgestaltung – wozu einen Schritt vor die Tür setzen, wenn alles am Miniaturbildschirm erlebt werden kann? Nun, weil es hin und wieder auch darum gehen sollte, persönliche Grenzen auszuloten und an den eigenen Fertigkeiten zu feilen. Also nichts wie raus nach Bad Waldsee und in den dortigen Abenteuer-Kletterpark-Tannenbühl. Im rund 14 000 Quadratmeter großen Waldgebiet wurden neun Kletterrouten mit insgesamt 170 Übungen installiert. In bis zu 20 Metern Höhe (!) gilt es von Baum zu Baum zu klettern, Seilrutschen zu meistern und von Hindernis zu Hindernis zu balancieren. Für Kinder ab drei Jahren gibt es einen speziellen »Kiddy Parcours«. Am Ende des Tages sind wir stolz auf unsere Leistung und froh, solch ein Abenteuer gemeinsam erlebt zu haben. Ein Tag im Kletterpark schweißt die Familie zusammen und es gibt ein Thema, über das es sich zu berichten lohnt. Meinetwegen auch via Facebook, WhatsApp oder whatever.

Tannenbühl 2, 88339 Bad Waldsee, Telefon (0 75 24) 4 01 12 75, www.abenteuer-kletterpark-tannenbuehl.de
Öffnungszeiten: Mitte März bis April täglich 10 bis 19 Uhr, Mai bis Anfang September täglich 9 bis 19 Uhr, Anfang September bis Ende Oktober täglich 10 bis 19 Uhr, Anfang November bis Mitte März an Wochenenden und Feiertagen 12 bis 17 Uhr. Informationen über saisonale Änderungen auf der Website. Klettergurt, Helm und Karabiner werden zur Verfügung gestellt. Bei leichtem Regen muss der geplante Besuch nicht abgesagt werden – der alte Baumbestand fängt den meisten Regen auf. Für den Fall der Fälle einfach eine Regenjacke einpacken.

57 | Bad Waldsee
Zu Tisch, bitte

»Andechser Waldwirtschaft«

Essen & Genießen

Klettern macht Appetit – in der »Andechser Waldwirtschaft«, keine 15 Fahrminuten vom Kletterpark Tannenbühl entfernt, lasse ich mir leckere Hofgut-Knödel mit frischen Kräutern schmecken. Serviert wird in der gemütlichen Gaststube oder im Biergarten. Speziell die ungezwungene Atmosphäre lädt zum Verweilen ein; die Waldwirtschaft ist genau der richtige Ort, um sich in geselliger Runde zu stärken und das Erlebte Revue passieren zu lassen.

Elchenreute 1, 88339 Bad Waldsee,
Telefon (0 75 24) 91 44 44, www.elchenreute.de
Öffnungszeiten: Dienstag bis Freitag 16 bis 23 Uhr, Samstag 11 bis 23 Uhr, Sonn- und Feiertag 10 bis 23 Uhr. Während der Sommerferien Dienstag bis Samstag 11 bis 23 Uhr, Sonn- und Feiertag 10 bis 23 Uhr. Warme Küche: 11.30 bis 14 und 17 bis 21.30 Uhr.

58 | Bad Wurzach
Einfach mal entspannen

Vitalium am Reischberg

Anschauen & Erleben

Das Vitalium, ein Thermalbad mit Saunalandschaft und Wohlfühlhaus, garantiert Entspannung pur. Ins Thermalbad locken vier verschiedene Becken mit Temperaturen zwischen 32 (Innen- und Au-

ßenbecken) und 38 Grad (Whirlpool). Keine Wünsche offen lässt der Saunabereich mit Riedsauna (Finnische Aufguss-Sauna), Wurzarium (Bio-Farblichtsauna), Sonnentau-Sauna (Finnische Farblichtsauna) und Römischem Schwitzbad. Der dritte Vitalium-Bereich, das Wohlfühlhaus, spannt den Bogen vom benachbarten Wurzacher Ried zur wohltuenden Wirkung des Naturmoors: Das Holzzuber-Moorbad wird zum Vitalium-Rundum-Verwöhnprogramm.

Karl-Wilhelm-Heck-Straße 8, 88410 Bad Wurzach,
Telefon (0 75 64) 3 04-250, www.vitalium-bad-wurzach.de
Öffnungszeiten: Montag bis Freitag 13 bis 22 Uhr, Samstag 10 bis
22 Uhr, Sonn- und Feiertag 10 bis 20 Uhr. Montags ist Damensauna
(ausgenommen an Feiertagen).

59 | Bad Wurzach

Rein ins Ried

Mit der Torfbahn ins Wurzacher Ried

Anschauen & Erleben | Familien-Ziel

Das Wurzacher Ried ist die größte intakte Hochmoorfläche Europas. Mehr oder weniger über Nacht – nach über 200 Jahren – wurde 1996 der Torfabbau im Wurzacher Ried beendet. Werkzeug, Gleisanlagen und Fahrzeuge wurden buchstäblich fallen- und liegen- respektive im Ried zurückgelassen. Fünf Jahre später hat ein engagiertes Trio die Bergung und Restaurierung der totgelegten Maschinen und Gleise in Angriff genommen. In aufwändiger Arbeit wurde eine Strecke aufgebaut, die heute eine zirka 50-minütige Rundfahrt über den Achkanal bis zum Stuttgarter See und weiter zum Haidgauer Torfwerk ermög-

licht. Ein Glücksfall! Denn bei einer Rundfahrt kommt man nicht nur in den Genuss, mit einer historischen Bahn unterwegs zu sein, sondern erhält aufgrund der interessant angelegten Streckenführung auch besonders interessante Einblicke in das Wurzacher Ried.

Oberschwäbisches Torfmuseum, Dr.-Harry-Wiegand-Straße 4/1, 88410 Bad Wurzach, Telefon (0 75 64) 31 67, www.torfbahn.de Informationen: Fahrtzeiten April bis Ende Oktober jeweils am zweiten Sonntag und vierten Samstag. Der genaue Fahrplan wird auf der Website veröffentlicht. Sonderfahrten für Gruppen ab 15 Personen auch außerhalb der öffentlichen Fahrtage nach vorheriger Vereinbarung.

60 | Bermatingen

Kontrapunkt zur Kettenhotellerie

»Hotel Buchberg«

Über Nacht

Frei nach dem Motto »carpe diem« – nutze den Tag – geht's im Hotel Buchberg früh raus aus den Federn: Frühstück ist von 7 bis 9 Uhr und damit in einem Zeitfenster, das ich nach einem Auftritt am Vorabend einfach nicht schaffe. Geführt wird das Haus als Hotel garni; alles ist neu gemacht, sehr sauber und sehr hell. Obendrein punktet es

mit einer ausgesprochen angenehmen, fast schon familiären Stimmung. Die wenigen Kilometer, die man für die Fahrt nach Friedrichshafen und an den Bodensee in Kauf nehmen muss, werden durch attraktive Übernachtungspreise mehr als wettgemacht. Das Hotel Buchberg ist der perfekte Ort für frühe Vögel, denen die Nähe zu einer naturnahen Landschaft wichtiger als ein pulsierendes Nachtleben ist.

Buchbergstraße 13, 88697 Bermatingen,
Telefon (0 75 44) 9 51 95 80, www.hotelbuchberg.com
Informationen: Rezeption Montag bis Freitag 7 bis 13 und
15 bis 20 Uhr; Samstag, Sonn- und Feiertag ab 8 bis 13 Uhr
und 15 bis 20 Uhr.

61 | Friedrichshafen

Faszination Fliegerei

Dornier Museum

Anschauen & Erleben

Pionier der Luftfahrt. Ideenreicher Visionär. Genialer Konstrukteur. Alle drei Beschreibungen treffen auf Claude Dornier vollumfänglich zu. Den uralten Menschheitstraum vom Fliegen hat Dornier ideenreich vorangetrieben. Seine technischen Entwicklungen, darunter das erste Metall-Flugboot der Welt, werden weltweit bewundert. Wer sich auf die Spuren von Claude Dornier begeben möchte, muss an den Bodensee kommen. Im Dornier Museum, das sich in direkter Nachbarschaft zum Flughafen Friedrichshafen befindet, werden die Geschichte von Claude Dornier, die Entwicklungen der Marke Dornier und 100 spannende Jahre der Luft- und Raumfahrtgeschichte präsentiert. Rund 400 Exponate, zwölf Originalflugzeuge, sieben Exponate aus der Raumfahrt im Maßstab 1:1 und das architektonisch ansprechende Gebäude, das einem Flugzeughangar nachempfunden ist, sorgen für einen kurzweiligen Besuch und viele bleibende Eindrücke. Nicht verpassen dürfen Sie die »do-days«: Einmal im Jahr, an einem Wochenende im August, werden historische Flugzeuge zum »fly-in« eingeladen. Die fliegenden Klassiker, die zahlreich eintreffen, verwandeln die Außenflächen in ein »fliegendes Museum«. Ein einmaliges Spektakel!

Claude-Dornier-Platz 1, 88046 Friedrichshafen,
Telefon (0 75 41) 4 87 36 00, www.dorniermuseum.de
Öffnungszeiten: Mai bis Oktober täglich 9 bis 17 Uhr, November bis April Dienstag bis Sonntag 10 bis 17 Uhr.

62 | Hagnau

Jenseits des All-inclusive-Wahns

»Burgunderhof«

Über Nacht

Die Anstrengungen der täglichen Arbeit sind schnell vergessen, wenn man einen schönen Platz für eine Verschnaufpause findet. Allen, die sich eine exklusive Auszeit gönnen möchten, sei ein Aufenthalt im »Burgunderhof«, einem Privathotel mit Bio-Weingut und Brennerei,

BODENSEE – OBERSCHWABEN

ans Herz gelegt. Inmitten von Weinbergen und Obstgärten gelegen beeindruckt das Areal mit individuell gestalteten Zimmern, herrlichem Pool und einem Garten, in dem es grünt und blüht wie im Bilderbuch. Eine ganz besondere Stimmung liegt über dem Anwesen und spätestens beim Blick über den umwerfend schönen Außenbereich kommt man in Versuchung, den Aufenthalt zu verlängern.

Am Sonnenbühl 70, 88709 Hagnau,
Telefon (0 75 32) 8 07 68-0, www.burgunderhof.de

63 | Hard (Österreich)
Schwimmender Adelssitz mit Sonnendeck

Dampfschiff Hohentwiel

Anschauen & Erleben

Die »Hohentwiel« war die Yacht von König Wilhelm II., dem letzten Monarchen Württembergs, und eine Mitfahrt blieb lange Zeit nur den Damen und Herren der Gesellschaft vorbehalten. Heute, 101 Jahre nach dem Stapellauf, hat das Schiff nichts von seiner Eleganz eingebüßt und zieht noch immer faszinierte Blicke auf sich. Eine Reise an Bord der »Hohentwiel«, dem einzigen Dampfschiff auf dem Bodensee, ist ein Privileg, das mittlerweile und glücklicherweise auch Nicht-Adeligen möglich ist. Vielfältig präsentieren sich das Programm und die Routen, angefangen von Gourmet- und Festspielfahrten über Jazz-Brunch und Captain's Dinner bis hin zum eleganten Afternoon Tea. Die Fahrten starten an unterschiedlichen Ausgangspunkten, beispielsweise in Langenargen, Nonnenhorn, Lindau, Bregenz oder ab dem

Heimathafen in Hard. Der aktuelle Fahrplan und verfügbare Termine werden auf der Website publiziert. Unbedingt reservieren – die Fahrten mit der »Hohentwiel« sind stark nachgefragt.

Ich hatte einmal ein sensationelles Erlebnis auf diesem herrlichen Schiff; eingeladen vom Schriftstellerverband dampfte ich auf der ehrwürdigen Schiffslady an einem heißen Sommerabend über den See; auf dem einen Deck las der große Martin Walser aus seinen Büchern und auf dem gegenüberliegenden Deck unterhielt ich die Menschen mit Kabarett. Auf welcher Seite des Schiffs sich mehr Zuhörer mit größerer Begeisterung befanden, überlasse ich an dieser Stelle gerne dem geistigen Auge meiner geschätzten Leserschaft.

Hohentwiel Schifffahrtsgesellschaft m.b.H., Hafenstraße 15, A-6971 Hard, Telefon 00 43 (0) 5 57 46 35 60, www.hohentwiel.de Informationen: Saison Ende April bis Mitte Oktober – die genauen Termine werden auf der Homepage veröffentlicht. Die »Hohentwiel« darf leider nicht mit Stöckelschuhen betreten werden (Mindestabsatzgröße 2 x 2 cm). Unter Deck ist Rauchen nicht erlaubt.

64 | Illmensee
Sommerglück am See

Seefreibad Illmensee

Anschauen & Erleben | Familien-Ziel

Muss man nach Illmensee? Aber sicher! Am Seefreibad Illmensee, gelegen inmitten der gleichnamigen Gemeinde, findet man alles, was man sich an einem sonnigen Tag wünscht: Einen Naturbadesee mit Wasserrutsche und Sprungturm, Bootsverleih, Beachvolleyballfeld und Minigolf-Anlage. Nigelnagelneu ist der Kinderspielplatz mit Wasser- und Sandbereich, Stegen und einem Räuberwald. Für Kinder ein Paradies!

BODENSEE – OBERSCHWABEN

Eine echte Alternative zum nahe gelegenen Bodensee! Zur Übernachtung empfehle ich den Gasthof »Zum Karpfen am See«, in dem ich herrliche und liebevoll betreute Stunden erleben durfte! (www.karpfen-am-illmensee.de)

Seestraße, 88636 Illmensee, www.illmensee.de/tourismus/freibad
Öffnungszeiten: Mitte Mai bis Anfang September witterungsabhängig
9.30 bis 20 Uhr.

65 | Immenstaad

Fast zu schön, um wahr zu sein

»Heinzler am See«

Essen & Genießen | Über Nacht

Am nördlichen Bodensee, der Sonne zugewandt, liegen Immenstaad und das »Heinzler am See«. Das von den Brüdern Michael und Thomas Heinzler geführte Hotel und Restaurant bietet alles, was den perfekten Aufenthalt am Bodensee ausmacht. Geschmackvoll eingerichtete Zimmer, ein kulinarisches Verwöhnprogramm im vorzüglichen Restaurant und einen hoteleigenen Wellnessbereich mit Finnischer Sauna, Dampfbad und Dampfsauna. Direkt ab dem Hotel kann man zur Fahrradtour starten und sich den Alltag von der Seele strampeln. Wer danach Abkühlung sucht: Vom »Heinzler am See« bis zum hoteleigenen Anleger am Bodensee sind es vielleicht 20 Schritte. Oder 30? Ach, zählen Sie doch einfach selbst …

Strandbadstraße 3, 88090 Immenstaad,
Telefon (0 75 45) 93 19-0, www.heinzleramsee.de
Öffnungszeiten Restaurant: täglich 11.30 bis 21.15 Uhr,
kleine Karte zwischen 14 und 17.30 Uhr.

66 | Konstanz
Konstanzer Kreativkosmos

»Das Voglhaus«
Essen & Genießen | Regional Einkaufen

Wenn man Zukunftsforschern so zuhört, dann kommt demnächst alles aus dem 3-D-Drucker. Neue Schuhe? Kein Thema – einfach online das Modell auswählen, Farbe und Größe angeben und das Objekt der Begierde wird zu Hause vom 3-D-Drucker ausgeworfen. Technische Möglichkeiten schön und gut. Aber die Inspiration und die Begegnungen, die so manches Ladengeschäft bieten, würde ich für keine Erfindung dieser Welt eintauschen. Undenkbar, auf Orte wie beispielsweise »Das Voglhaus« zu verzichten. Mitten in Konstanz gelegen, ist das »Voglhaus« eine gelungene Mischung aus Café und »kleinstem Kaufhaus der Welt«. Grenzenloser Kreativkosmos scheint hierbei Inhaberin Martina Vogl zu sein: Im gesamten Haus finden sich viele kleine Details und die überall präsenten »Kaffeesätze« (... mein Favorit: »Lesen schadet der Dummheit«). Durchdacht ist auch das Sortiment, das – wo immer möglich – nach ökologischen und sozialen Gesichtspunkten zusammengestellt wird. Im Kaufhaus werden Mode und Accessoires, Raumdüfte und Feinkost, exklusive Tee- und Kaffeesorten angeboten. Im angeschlossenen Café liegt der Schwerpunkt auf Kaffeespezialitäten und Backwaren aus der eigenen Backstube, in den Sommermonaten sind die hausgemachten Limonaden der Renner. Bekannt und beliebt ist das »Voglhaus« auch für sein sympathisches, gut aufgelegtes Team. Wer diesen Ort erst einmal kennengelernt hat, wird auch in der lässig gechillten Zukunft jeden 3-D-Drucker links liegen lassen.

Wessenbergstraße 8 / Ecke Münzgasse, 78462 Konstanz, Telefon (0 75 31) 1 72 02, www.das-voglhaus.de Öffnungszeiten Café: Montag bis Samstag 9 bis 18.30 Uhr, Sonntag 11 bis 18 Uhr. Öffnungszeiten Kaufhaus: Dienstag bis Freitag 10 bis 18.30 Uhr, Samstag 10 bis 17 Uhr.

67 | Ravensburg
Vier Museen für zwölf Euro

Ravensburger Museumskarte
Anschauen & Erleben

In den letzten Jahren hat sich in der Oberstadt von Ravensburg ein Museumsviertel entwickelt, das keinen Vergleich scheuen muss. Im Kunstmuseum kann man sich auf eine Zeitreise durch die Epochen begeben und die Sammlung Selinka bestaunen. Im Wirtschaftsmuseum erfährt man alles über die wirtschaftliche Entwicklung der Region Ravensburg. Ein Rundgang im Museum Ravensburger führt durch die Geschichte und Gegenwart der »Marke mit dem blauen Dreieck« (nicht nur für Kinder eine spannende Erfahrung!). Und im Muse-

um Humpis-Quartier, einem der besterhaltenen spätmittelalterlichen Wohnquartiere in Süddeutschland, kann man den Spuren ehemaliger Bewohner folgen. Die Ravensburger Museumskarte ist mit zwölf Euro fair kalkuliert und öffnet die Türen zu allen vier Museen.

Kunstmuseum Ravensburg, Burgstraße 9, 88212 Ravensburg, Telefon (07 51) 8 28 10, www.kunstmuseum-ravensburg.de Öffnungszeiten: Dienstag bis Sonntag 11 bis 18 Uhr, donnerstags bis 20 Uhr. Ostermontag und Pfingstmontag geöffnet. Karfreitag sowie 24./25./31. Dezember geschlossen.

Wirtschaftsmuseum Ravensburg, Marktstraße 22, 88212 Ravensburg, Telefon (07 51) 3 55 05-777, www.wirtschaftsmuseum-ravensburg.de Öffnungszeiten: Dienstag bis Sonntag 11 bis 18 Uhr, donnerstags bis 20 Uhr. Ostermontag und Pfingstmontag geöffnet. Karfreitag sowie 24./25./31. Dezember geschlossen.

Museum Ravensburger, Marktstraße 26, 88212 Ravensburger, Telefon (07 51) 86 13 77, www.museum-ravensburger.de Öffnungszeiten: Januar bis März und Oktober bis Dezember dienstags bis donnerstags 11 bis 18 Uhr, April bis September dienstags bis donnerstags 10 bis 18 Uhr. Während der Schulferien Baden-Württembergs ist montags geöffnet. Geschlossen am 25. und 31. Dezember.

Museum Humpis-Quartier, Marktstraße 45, 88212 Ravensburg, Telefon (07 51) 8 28 20, www.museum-humpis-quartier.de Öffnungszeiten: Dienstag bis Sonntag 11 bis 18 Uhr, donnerstags bis 20 Uhr. Karfreitag sowie 24./25./31. Dezember geschlossen.

68 | Ravensburg

Hier ist gut Kirschen essen

Gut Hügle

Essen & Genießen | Familien-Ziel

Kirschen in rauen Mengen. Noch dazu in allerbester Qualität. Die Hügle Kirsche, die auf der hofeigenen Plantage kultiviert wird, schmeckt einfach nur lecker. Von Juni bis Anfang August können die Kirschen

eigenhändig gepflückt und zu Hause zu Saft, Marmelade oder Gelee verarbeitet werden. Bestens vorbereitet ist das Hofgut auf pflückende Familien: Außer Pflückeimern werden auch Bollerwagen zur Verfügung gestellt. Perfekt – denn neben den Kirschen kann auf dem Bollerwagen auch das Picknick für die großen und kleinen Helfer transportiert werden! Auch außerhalb der Kirschensaison ist das Gut Hügle ein lohnenswertes Ziel. Der aufwändig renovierte Bauernhof bietet einen zur Gastwirtschaft ausgebauten Stadel, eine große Spielscheune für Kinder sowie ein riesiges Maislabyrinth, das auf einem Areal angelegt ist, das der Größe von drei Fußballfeldern entspricht. Noch ein Mitbringsel gefällig? Die Obstbrände der hofeigenen Destillerie sind mehrfach prämiert!

Bottenreute 5–7, 88214 Ravensburg,
Telefon (07 51) 6 18 23, www.guthuegle.de
Öffnungszeiten: Gastwirtschaft und Spielscheune täglich ab 8 Uhr.
Maislabyrinth von Ende Juni bis Anfang November täglich ab 8 Uhr.
Selberpflücken im Kirschgarten Juni und Juli täglich ab 8 Uhr. Für
saisonale Öffnungszeiten bitte einen Blick auf die Website werfen.

69 | Ravensburg

Schwach werden erwünscht

»Gelateria Chocolateria Dario«

Essen & Genießen

Sobald die Temperaturen steigen, ist es Zeit für köstliche Eisvariationen. Also auf zur »Gelateria Dario«. Nach Zwischenstationen in

Plüderhausen und Aalen ist die Eisdiele jetzt in Ravensburg zu finden. Die Region mögen Gerlinde Secondino und Carlo Fadda, die beiden Inhaber der Gelateria, gewechselt haben, ihrer Philosophie sind sie aber auch am neuen Standort treu geblieben. Bereits in der Auslage türmen sich die verführerischen Eiskreationen sehenswert dekoriert in luftige Höhen. Zum Niederknien lecker sind die Sorten »Limette mit frischer Minze« und »Rhabarber-Schmand«, »Zitrone-Basilikum« ist ein Traum und nach einer Kugel »Blaubeer-Lavendel mit Schokolade« fühlen Sie sich wie im siebten Eishimmel. Falls auf Erden je – Gott bewahre – wieder einmal der Sodom-und-Gomorra-Fall eintreten sollte, wird sich der liebe Gott mit Blick auf diese Eisdiele sicher noch einmal beruhigen und unserem Planeten eine weitere Chance geben!

Eisenbahnstraße 12,
88212 Ravensburg, www.gelateria-dario.de
Öffnungszeiten: Die genauen Öffnungszeiten werden
auf der Website publiziert.

70 | Reichenau
Gelassen genießen

»Zen Teehaus«

Essen & Genießen

Teezeremonien haben in asiatischen Ländern eine viele Jahrhunderte alte Tradition. Heute sind Teezeremonien ein geschätztes Ritual, das Entschleunigung inmitten einer hochtechnisierten und schnelllebigen Welt bietet. Auf der Insel Reichenau ist das jetzt auch in unseren Brei-

tengraden möglich. Im »Zen Teehaus« kann man in die Welt des Tees eintauchen und in sorgfältig arrangierten Räumen die reichhaltige Auswahl an unterschiedlichen Teesorten genießen. In authentischer Weise werden Tees in asiatischen Kännchen und Trinkschalen serviert und je nach Teeauswahl mehrfach am Tisch aufgegossen. Man reicht dazu je nach Tageszeit kulinarische Köstlichkeiten wie feines Gebäck oder eine Vietnamesische Nudelsuppe.

Freiherr-von-Hundbiss-Straße 2, 78479 Reichenau,
Telefon (0 75 34) 9 99 09 00, www.zenhome.de
Öffnungszeiten: Dienstag bis Sonntag 10 bis 18 Uhr.

71 | Überlingen

Wellness mit Blick über den Bodensee

Bodensee-Therme Überlingen

Anschauen & Erleben

Wasseranalysen zeigen: Das Überlinger Thermalwasser, das die Bodensee-Therme speist, ist von ausgezeichneter Qualität. Mit einer Temperatur von über 36 Grad tritt es an die Oberfläche. Aber nicht nur das Wasser, auch das Ambiente und das Angebot überzeugen: Im Thermal- und Erlebnisbereich finden sich verschiedene Außen- und Innenbecken. Die Liegewiese bietet einen direkten Zugang zum Bodensee und im Innenbereich des Sauna-Areals stehen eine Japanische Rosenholzsauna, ein Japanisches Dampfbad, eine Kräutersauna sowie eine Finnische Sauna zur Verfügung. Highlight ist der Sauna-Außenbereich: Zuerst wird in der Bootshaus- oder der Seeblockhaus-Sauna geschwitzt, danach geht's zur Abkühlung in das größte Tauchbecken Europas: in den Bodensee!

Bahnhofstraße 27, 88662 Überlingen,
Telefon (0 75 51) 3 01 99-0, www.bodensee-therme.de
Öffnungszeiten: täglich 10 bis 22 Uhr, freitags und samstags bis
23 Uhr. An Weihnachten, Silvester und Neujahr gelten geänderte
Öffnungszeiten, die auf der Website publiziert werden.

72 | Uhldingen
Hier geblieben

»Hotel Pilgerhof-Rebmannshof«

Über Nacht

Mein Beruf als Kabarettist bringt es mit sich, dass ich häufig unterwegs übernachte. Nach einem späten Auftritt ist ein Hotelzimmer schneller erreicht als das ferne Zuhause. Meistens komme ich im Hotel spät an, schlafe aus und reise dann gleich weiter. Im »Pilgerhof-Rebmannshof« bleibe ich dagegen gerne einen Moment länger. Das Bodenseeufer befindet sich direkt vor der Haustür und auch das Kloster Birnau ist nur einen Katzensprung entfernt. Ein viel zu selten erlebter Traum: Mit einer Joggingrunde starte ich in den Tag, laufe am See entlang und durch die Weinberge hinauf zum Kloster Birnau. Von hier oben genieße ich einen Moment lang den prächtigen Blick auf den See, hole tief Luft und tanke die Sinne auf, bevor ich mich wieder in den Show-Alltag stürze, der bei mir zwischen 14 und 24 Uhr stattfindet.

Maurach 2, 88690 Unteruhldingen,
Telefon (0 75 56) 9 39-0, www.hotel-pilgerhof.de

SÜDSCHWARZWALD
Sonntags Ausflüge 5

ESSEN & GENIESSEN

ANSCHAUEN & ERLEBEN

FAMILIEN-ZIELE

REGIONAL EINKAUFEN

ÜBER NACHT

73 | Bernau

Garantiert kein Schnee von gestern

Snowtubing in Bernau

Anschauen & Erleben | Familien-Ziel

Was tun, wenn Kinder mit ihrem Schlitten losziehen und einen fröhlich-vergnügten Tag im Schnee verbringen möchten? Na, am besten noch eins draufsetzen! Wenn schon Spaß im Schnee, dann richtig. In Bernau, direkt neben dem Loipenhaus, wird jeden Winter ein Snowtubing-Park eingerichtet. Bei guter Schneelage stehen drei, jeweils 250 Meter lange und perfekt präparierte Bahnen für rasante Abfahrten zur Verfügung. In pfeilschneller Schussfahrt geht's auf großen, modifizierten Reifen die Pisten mit den phantasievollen Namen »Pam An«, »Dolly B« und »Rattle Snack« hinunter und spätestens nach ein, zwei Stunden auf den »Snowtubes« treffen strahlende Kinderaugen auf zufriedene Erschöpfung. Kein Wunder – denn nach jeder Schussfahrt muss man zurück zum Startpunkt stiefeln, den Reifen immer im Schlepptau. Das sorgt natürlich auch für mächtig Appetit, zum Glück kann man sich direkt nebenan im Loipenhaus eine zünftige Stärkung gönnen.

Oberlehen, 79872 Bernau im Schwarzwald, www.loipenzentrum.de
Öffnungszeiten: Dienstag bis Donnerstag 13.30 bis 17 Uhr, Freitag bis Sonntag 11 bis 17 Uhr, Weihnachts- und Fasnachtsferien täglich von 11 bis 17 Uhr, entsprechende Schnee- und Witterungs-

verhältnisse vorausgesetzt. Eine Reservierung ist nicht erforderlich, vor Ort stehen über 100 Reifen zur Verfügung, die gegen eine kleine Gebühr ausgeliehen werden können.

74 | Bonndorf
Mit Biene Maja über Schwarzwald-Wiesen

Bienenlehrpfad »Via Apis«
Anschauen & Erleben | Regional Einkaufen

Für ein Kilogramm Blütenhonig braucht es rund zehn Millionen Blütenflüge – eine schier unvorstellbare Leistung. Bienen sind fleißig, daran besteht nach einem Streifzug entlang des Bienen-Lehrpfades »Via Apis« kein Zweifel mehr. Ein drei Kilometer langer Rundkurs führt zu 15 attraktiv gestalteten Stationen, an denen die Welt der Bienen vorgestellt wird. Die Idee stammt vom ortsansässigen Imker Sebastian Herb, der auch alle Informationen zusammengetragen hat. Rund 500 Bienenarten gibt es in der Region – darunter die Honigbiene – jede einzelne Art ein wichtiger Pflanzenbestäuber. Weil in immer mehr Regionen die Bienen in ihrem Bestand bedroht sind, thematisiert der Lehrpfad auch den besonderen Stellenwert der Tiere als Pollenträger. Ausgangspunkt des Rundwegs ist der Dorfplatz in Holzschlag, dort stehen auch Parkplätze und ein Infozentrum zur Verfügung. Wer Appetit auf Honigprodukte bekommen hat, wird im Hofladen von Imker Sebastian Herb fündig.

Schwarzwälder Hausbrennerei und Imkerei,
Tiroler Straße 8, 79848 Bonndorf-Holzschlag,
Telefon (0 76 53) 66 60, www.honig-schnaps.de
Öffnungszeiten Hofladen: täglich 9 bis 18 Uhr, Dienstag Ruhetag.

75 | Feldberg
Beachboys auf 1000 Meter über dem Meer

Strandbad Windgfällweiher
Anschauen & Erleben | Familien-Ziel

Der Feldberg schwingt sich – verglichen mit anderen Gipfeln im Voralpenland – auf beachtliche 1493 Meter Höhe hinauf. Im Winter ist der Feldberg ein attraktives Skigebiet, im Sommer ist er ein beliebtes Wanderziel. Dass die Region Feldberg auch Windsurfer anzieht und es in Nachbarschaft zur Passhöhe sogar eine Surfstation gibt, hätte man wohl eher nicht vermutet. Selbst der neueste Trendsport, das »Stand Up Paddling« (SUP), hat hier oben am Windgfällweiher bereits Einzug gehalten. Ohne Strömung und Schifffahrt bietet der naturbelassene Bergsee optimale Voraussetzungen, um die Grundlagen dieser neuen Sportart zu erlernen. Die Profis vom »Aloha Center« halten hierfür das erforderliche Equipment bereit und bieten Schnupperkurse an. Prominentester Vertreter der SUP-Szene ist übrigens kein geringerer als Surf-Ikone Robby Naish. Wer den See ohne Board und Paddel genießen möchte, ist am Strandbad mit Liegewiese und Baywatch-Bar genau richtig.

Strandbad Windgfällweiher, Am Windgfällweiher, 79868 Feldberg-Altglashütten, www.strandbad-windgfaellweiher.de
Öffnungszeiten: Das Strandbad ist geöffnet von Mai bis Mitte September, sonntags bis mittwochs von 10 bis 19 Uhr, donnerstags bis samstags von 10 bis 20 Uhr. Informationen über SUP-Kurse und Equipmentverleih unter www.alohacenter.de. Der Windgfällweiher liegt direkt an der Schwarzwaldhochstraße B 500, rund 650 Meter südlich der Gemeinde Feldberg-Altglashütten und rund neun Kilometer von der Passhöhe entfernt.

76 | Hinterzarten
Kinder, jetzt geht's raus in die Natur!

Naturerlebnispfad Hinterzarten

Familien-Ziel

Die Aussicht auf einen Spaziergang löst bei Kindern nur selten einen Jubelsturm aus. Es sei denn, man ist auf dem Naturerlebnispfad Hinterzarten unterwegs. Der erste, rund 1,5 Kilometer lange Abschnitt ist auch für Kinderwagen geeignet und mit einem Baum-Memory-Quiz, Weidentunnel und Baumtelefon gibt es jede Menge zu entdecken. Der zweite Abschnitt, der auf schmaleren Pfaden mitten durch die Wälder führt, ist perfekt für kleine Naturforscher: Hier kann man Tannenzapfen sammeln, Tierspuren suchen und über das Licht- und Schattenspiel zwischen den Bäumen staunen. Die Gesamtstrecke beträgt 4,2 Kilometer, für Orientierung sorgt ein Waldwichtel.

www.hochschwarzwald.de/Media/Touren/
Naturerlebnispfad-Hinterzarten
Informationen: Startpunkt ist am Kurhaus Hinterzarten
(Freiburger Straße 1, 79856 Hinterzarten),
beste Jahreszeit Mai bis Ende September.

77 | Hinterzarten
Mit Herz und handwerklichem Können

Ospelehof

Regional Einkaufen

Der Ospelehof liegt leicht erhöht, einen Kilometer vom Ortskern Hinterzarten entfernt. Seit über einem Jahrhundert ist der alte Schwarzwaldbauernhof im Familienbesitz und jede Generation hat dazu beigetragen, den Hof langfristig und im Einklang mit der Natur zu bewirtschaften. In der Hofkäserei wird Milch vom befreundeten Kesslerhof zu verschiedenen Käsesorten verarbeitet, beispielsweise zu einem würzigen Bergkäse. Zudem wird aus Molke, die auf natürliche Weise bei der Käserei gewonnen wird, Naturkosmetik hergestellt. Molke ist reich an Mineralien, Aminosäuren und Vitaminen und damit eine wahre Geheimwaffe für die Pflege sensibler Haut. Im Bauernladen direkt auf dem Hof sind neben verschiedenen Käsesorten und der Naturkosmetik auch viele andere Spezialitäten des Schwarzwaldes erhältlich.

Windeck 2, 79856 Hinterzarten,
Telefon (0 76 52) 54 82, www.ospelehof.de
Öffnungszeiten Bauernladen: Dienstag bis Freitag 10 bis 13 und
15 bis 17 Uhr, Samstag 10 bis 13 Uhr.

78 | Löffingen
Oh, wie süß!

Café »Naschwerk«

Essen & Genießen

Köstliches Backwerk, schick garniert und alles aus eigener Herstellung. Kuchen- und Tortenliebhaber fühlen sich im Café »Naschwerk« wie im Paradies. Was hier auf den Kuchenteller kommt, lässt den Herzschlag von Chocoholics höherschlagen: Schokokuchen, Blätterteig-Plunder, Gugelhupf, fruchtige Tartes ... und natürlich auch Schwarzwälder Kirschtorte. Diese schmeckt hier besonders lecker, weil auch die Zutaten aus dem Schwarzwald kommen. Zum Bei-

spiel das Kirschwasser, das dem Biskuit seinen unverwechselbaren Geschmack verleiht. Wer die berühmteste Torte der Welt probieren möchte, kommt am besten ins Café »Naschwerk«!

Bei der Kirch 8, 79843 Löffingen,
Telefon (0 76 54) 80 67 26, www.cafenaschwerk.de
Öffnungszeiten: täglich 9 bis 19 Uhr, Donnerstag ist Ruhetag.

79 | Neuenburg am Rhein

Lockruf des Goldes

Goldwaschen am Rhein

Anschauen & Erleben

Goldrausch am Yukon. Den Traum von einem besseren Leben vor Augen ist Jack London, wie Hunderttausende andere auch, dem Lockruf des Goldes gefolgt. Bis hinauf in den hohen Norden Kanadas hat er sich durchgeschlagen. Gold hat er jedoch weder am Yukon noch am Klondike River gefunden, dafür aber jede Menge Inspirationen für seine späteren Erzählungen. Mit

seinen Büchern hat Jack London bei vielen Lesern die Abenteuerlust geweckt. Auch ich wäre sofort aufgebrochen, hätte mein damaliger Taschengeld-Rahmen diesem Plan keinen Strich durch die Rechnung gemacht. Um heutzutage der »Faszination Goldsuche« nachzuspüren, braucht man glücklicherweise nicht sofort nach Alaska oder ins Yukon-Territorium zu reisen. Für einen ersten Eindruck genügt ein Tagesausflug an den Rhein. Wer sich nicht scheut, mit der Waschpfanne in der Hand und stundenlang gebückt am Flussufer zu stehen, kann an einem Goldwaschkurs teilnehmen. Die Chancen, kleine Goldflitter zu finden, stehen gar nicht mal so schlecht. Bis zu drei Millimeter große Minikrümel können in der Pfanne gefunden werden. Jede Menge Geduld und die richtige Technik vorausgesetzt. Kurse werden auf verschiedenen Kiesbänken am Rhein, zum Beispiel in Neuenburg, veranstaltet.

Franz-Josef H. Andorf, Ahornweg 3, 79822 Titisee-Neustadt, Telefon (01 71) 5 70 33 00, www.goldsucher.de
Informationen: Die Goldwaschkurse dauern jeweils von 11 bis 17 Uhr. Goldwaschpfannen und Werkzeug werden gestellt, gefundenes Gold darf mit nach Hause genommen werden. Anmeldung erforderlich, Termine auf der Website. Genau wie beim »Original« in Kanada findet Goldwaschen bei jedem Wetter statt.

80 | Rothaus
Wo ein Tannenzäpfle zum Exportschlager wird

Brauereigasthof »Rothaus«
Essen & Genießen | Über Nacht

Die Brauerei, in der das berühmte »Tannenzäpfle« gebraut wird, ist das Herz von Rothaus. Direkt gegenüber lädt der gleichnamige Brauereigasthof zur Einkehr ein. Die Stimmung im Gasthof ist munter. Unter den Gästen finden sich Ausflügler, die vom nahen Schluchsee nach Rothaus gekommen sind, Wanderer und eine Gruppe, die an der Brauereiführung teilgenommen hat. Am Nachbartisch wird Schweizerdeutsch gesprochen und mittendrin im Braustüble pflegen Einheimische ihr Stammtisch-Vergnügen. Ich vertiefe mich in die Speisekarte und schnell ist klar: Wer badische Regionalküche liebt, wird hier Stammgast. Ich probiere Schwarzwälder Forellenfilets mit Gemüse vom Freiburger Markt und werde nicht enttäuscht. Nur auf ein schnelles Abendessen einzukehren, wäre übrigens viel zu schade. Im Brauereigasthof stehen auch 17 schöne Gästezimmer zur Verfügung.

Rothaus 2, 79865 Grafenhausen, Telefon (0 77 48) 5 22-96 00, www.brauereigasthof-rothaus.de
Öffnungszeiten: täglich 10 bis 22 Uhr, warme Küche 12 bis 21 Uhr.
Tipp: Rothaus liegt direkt am »Schwarzwald Mittelweg« – die Einkehr im Brauereigasthof kann auf perfekte Weise mit einer Wandertour kombiniert werden.

81 | Titisee-Neustadt

Kurzes Glück – langer Effekt

»Salenhof«

Über Nacht

Helm auf, das Dauerklingeln des Mobiltelefons mit bester Begründung ignorieren (... du hast angerufen? Ehrlich, ich habe nichts gehört ...) und den Starterknopf betätigen. Eine Tour mit dem Motorrad tut gut. Ohne Stress geht's auf kurvenreichen Nebenstraßen durch den Schwarzwald. Bei Titisee-Neustadt nehme ich Kurs auf den »Salenhof«. Unter Motorradfahrern gilt er als Geheimtipp und auch Wanderer kehren hier gerne ein. Besonders beliebt sind die Grillabende, die während der Sommersaison jeden Donnerstag veranstaltet werden: Leckeres vom Holzkohlegrill und ein großes Salatbuffet – genau das

SÜDSCHWARZWALD

Richtige nach einer erlebnisreichen Tour. Ich bleibe über Nacht und fahre am nächsten Morgen weiter. Hausherr Helmut Kleiser, selbst begeisterter Biker, kennt die hintersten Winkel im Hochschwarzwald und versäumt es nicht, mir Tourentipps mit auf den Weg zu geben. Zufrieden und ausgeglichen stelle ich am Abend meine Maschine zu Hause ab. Mein Kopf ist wieder frei und mit neuem Schwung entere ich die Bühne.

Schwärzenbach 58, 79822 Titisee-Neustadt, Telefon (0 76 51) 71 10, www.salenhof.de

82 | Waldkirch

Ein Tag mit Höhen und Tiefen

Baumkronenweg Waldkirch

Anschauen & Erleben | Familien-Ziel

Es ist ein erhabenes Gefühl, hoch oben durch den Baumkronenweg zu streifen. In 23 Metern Höhe führt eine Holz-Stahlkonstruktion zu vier Aussichtstürmen, die besonders schöne Perspektiven auf den Schwarzwald und die umliegenden Berge bieten. Wer mutig ist, wählt den adrenalinreichen Rückweg: Direkt im Anschluss an den Baumkronenweg kann man in Europas längster Röhrenrutschbahn zurück zum Ausgangspunkt sausen. Nach diesem

Abenteuer laden ein kleiner Waldspielplatz und eine schöne Grillstelle zur Rast ein. Besucher können nach vorheriger Anmeldung und gegen eine kleine Gebühr einen Grillrost mieten, zudem werden das Holz und Utensilien zum Anfeuern bereitgestellt. Was für ein Service!

Erwin-Sick-Straße, 79183 Waldkirch,
Telefon (0 78 23) 96 12 79, www.baumkronenweg-waldkirch.de
Öffnungszeiten: Mitte Mai bis Anfang September täglich 10.30 bis
19 Uhr, Anfang September bis Anfang November sowie Ende
März bis Anfang Mai eingeschränkte Öffnungszeiten (die genauen
Öffnungszeiten werden auf der Website veröffentlicht). Ab Parkplatz
an der Erwin-Sick-Straße den Hinweisschildern mit dem Baum-
kronenweg-Logo folgen; für den Hin- und Rückweg sowie den Baum-
kronenweg sollten rund drei Stunden Zeit eingeplant werden.

MITTLERER SCHWARZWALD
Sonntags Ausflüge 6

ESSEN & GENIESSEN

ANSCHAUEN & ERLEBEN

FAMILIEN-ZIELE

REGIONAL EINKAUFEN

ÜBER NACHT

83 | Gutach-Schwarzwaldbahn
Riechen, Tasten, Sehen, Fühlen

Park mit allen Sinnen

Familien-Ziel

Der täglichen Routine und den ausgetretenen Pfaden entfliehen, wer möchte das nicht ab und zu? Im »Park mit allen Sinnen« in Gutach können Sie das im wahrsten Sinne des Wortes tun! An Fühlstationen, im Duftpavillon mit fast schon vergessenen Gerüchen oder im Blumentunnel lässt sich die Natur mit allen Sinnen erleben. Noch intensiver werden die Eindrücke, wenn man bei warmen Temperaturen die Schuhe abstreift und den Park barfuß entdeckt.

*Hauptstraße 95, 77793 Gutach-Schwarzwaldbahn,
Telefon (0 78 41) 68 24 34, www.parkmitallensinnen.de
Öffnungszeiten: Saison Ende März bis Ende Oktober 10 bis 18 Uhr.
Von Mai bis September ist bis 19 Uhr geöffnet. Einlass bis eine Stunde vor Schließung. Der Eingang des Parks befindet sich direkt am Gasthaus »Löwen am Park«. Das Befahren des Parks mit Kinderwagen ist nicht möglich.*

84 | Hausach
Einfach mal jedes Kinderabenteuer mitmachen

Abenteuerpfad Hausach

Familien-Ziel

Junge Schwarzwald-Gäste können sich in Hausach so richtig austoben: Eine Riesenschaukel und ein Baumhaus, eine Indianerleiter und Wasserspiele am Bach, ein Dachsbau und ein Tipi warten nur darauf, entdeckt zu werden. Auf einer bunten Schlange kann balanciert werden und Wettbewerbe werden am besten an der Tannenzapfen-Schleuder ausgetragen. Insgesamt 20 Mitmach- und Naturstationen werden von einem rund drei Kilometer langen Abenteuerpfad verbunden. Genau das Richtige für einen erlebnisreichen Familienausflug.

Informationen: Anfahrt zur Kreuzbergstraße in 77756 Hausach. Start ist an der Wassertretanlage am Ende der Kreuzbergstraße. Der Abenteuerpfad ist frei zugänglich und kostet keinen Eintritt. Für Kinderwagen ist der Weg nicht geeignet.

85 | Hornberg

Schlossherr für eine Nacht

Hotel »Schloss Hornberg«

Über Nacht

Geht doch! Ein Hotel, das eine besonders attraktive Lage und obendrein faire Preise bietet. Hoch über dem Gutachtal thront das Hotel »Schloss Hornberg« – kein Luxusschuppen, sondern ein sympathisches Haus mit Ecken und Kanten. Einen Platz für einen Aufzug hat man bei Grundsteinlegung des Hauses nicht vorgesehen und eigentlich braucht es diesen auch nicht. Die Treppen hinauf zu den ordentlichen und sauberen  Zimmern nehmen wir sportlich. Eine Mußestunde verbringt man am besten auf der Terrasse und im Restaurant isst man gut und gerne. Wer mehr über die Legende des Hornberger Schießens erfahren möchte, stapft die wenigen Meter hinunter zur nahen Freilichtbühne. Dort wird jeden Sommer das Schauspiel aufgeführt, das sich anno 1564 zugetragen haben soll. In der Nähe lohnen die Triberger Wasserfälle einen Besuch, am besten ganz früh morgens, bevor Horden von Touristen über den kleinen Ort herfallen.

MITTLERER SCHWARZWALD

Auf dem Schlossberg 1, 78132 Hornberg, Telefon (0 78 33) 9 65 50,
www.schloss-hornberg.de

86 | Kehl

Ins Wasser, marsch!

Baggersee Kehl-Odelshofen

Anschauen & Erleben

Endlich ein See, bei dem Handtuchkrieg, endlose Schlangen vor dem Eisstand und überfüllte Umkleidekabinen kein Thema sind. Weil es Liegestühle, gastronomische Einrichtungen oder eine Umkleide am Baggersee in Kehl-Odelshofen erst gar nicht gibt. Regelmäßig wiederkehrende Gäste, die mit den Örtlichkeiten bereits vertraut sind, tragen Badehose bzw. Bikini bereits vorausschauend unter der Kleidung. Rookies erkennt man daran, dass sie hinter einem Handtuch als Sichtschutz in akrobatischer Weise die Badekleidung anlegen. Sind alle Vorbereitungen ohne Erregung öffentlicher Aufmerksamkeit erledigt, kann man sein Handtuch ausbreiten, die Sonne und das glasklare Wasser genießen. Die Wasserqualität fasziniert mich jedes Mal aufs Neue. Ich wage sogar zu behaupten, dass ich so einen sauberen See fast noch nie gesehen habe. Und, überraschenderweise ist es hier auch am heißesten Sommertag nicht annähernd so überfüllt wie anderswo.

Informationen: Südlich der Gemeinde Kehl-Kork bzw. nördlich von Kehl-Odelshofen besteht eine Zufahrt zum Baggersee. Am besten »Hebelstraße / Kehl-Odelshofen« in das Navigationsgerät eintippen und vor Ort auf die Abzweigung zur Kiesgrube achten.

87 | Rust

Die letzte Wildnis am Oberrhein

Naturschutzgebiet Taubergießen

Anschauen & Erleben

Rust bringt man vor allem mit dem Europa-Park in Verbindung. Dass sich nur wenige hunderte Meter vom turbulenten Treiben entfernt eine der letzten Wildnisregionen Deutschlands befindet, ist hingegen weitaus weniger bekannt. Das Naturschutzgebiet Taubergießen, zwischen Rust und dem Rhein gelegen, ist eine von Wasserläufen durchzogene Landschaft mit einer enorm vielfältigen Tier- und Pflanzenwelt. Erste Anlaufstelle ist das Naturzentrum Rheinauen. Hier hält man wertvolle Freizeittipps bereit, informiert über die Regeln im Schutzgebiet und organisiert Rundfahrten durch den Taubergießen mit ortsansässigen Fischern. Nach vorheriger Anmeldung bei der Parkleitung kann die Auenlandschaft im Rahmen einer geführten Stocherkahnfahrt entdeckt werden. Mit etwas Glück können Sie einen schillernden Eisvogel oder einen nach Fischen jagenden Haubentaucher beobachten.

Naturzentrum Rheinauen, Allmendweg 5, 77977 Rust,
Telefon (0 78 22) 86 45-36, www.naturzentrum-rheinauen.de
Öffnungszeiten Naturzentrum: Montag bis Freitag 8.30 bis 12 Uhr;
Montag, Dienstag und Donnerstag 14 bis 15.30 Uhr; Mittwoch 14 bis
18 Uhr. Für eine Stocherkahnfahrt sollten ca. zwei Stunden eingeplant
werden, Durchführung nach vorheriger Vereinbarung zwischen 8 und
20 Uhr. Telefonische Anmeldung direkt beim Naturzentrum Rheinauen.

88 | Rust

Kribbelt's schon?!

Europa-Park

Anschauen & Erleben | Familien-Ziel

Der Europa-Park ist die Hochburg für Adrenalinjunkies. Sage und schreibe elf Achterbahnen sorgen für Herzklopfen pur. Zum Beispiel

die Holzachterbahn »Wodan« – 1050 Meter lang, 40 Meter hoch, über 100 Stundenkilometer schnell und mit einer maximalen Vertikalbeschleunigung von bis zu 3,5 G – fegt der Coaster durch das Parkgelände. Besonders spektakulär: Wodan kreuzt die Strecke der Katapultachterbahn »blue fire«, die sich ebenfalls im Themenbereich Island befindet. Eine Extraportion Adrenalin ist bei dieser Streckenführung garantiert! Bereits bei der Planung des »Wodan«-Timburcoasters wurde – wie bei vielen anderen Fahrattraktionen auch – eine Fahrgast-Mindestgröße von 1,20 Meter zum Maßstab gemacht. Ganz im Sinne der Europa-Park-Philosophie, die auf Familienfreundlichkeit ausgerichtet ist und auch jungen Gästen den Zugang zu den Highlights bieten möchte. Insgesamt wartet der Europa-Park mit 17 Themenbereichen und rund 100 Topattraktionen auf. Brandneu ist »Arthur im Königreich der Minimoys«, ein gut vierminütiger Flug durch ein unterirdisches Universum. Die Umsetzung der Kino-Erfolgstrilogie des französischen Starregisseurs Luc Besson ist die aufwändigste Indoor-Attraktion des Europa-Parks. Erholung nach einem erlebnisreichen Tag finden Gäste im angeschlossenen Hotelresort. Mit echten Tipizelten, Planwagen und Blockhütten werden auch Schulklassen und Gruppen attraktive Unterkünfte geboten.

Tipp vom Vater vierer Kinder an andere Eltern: den Europapark unbedingt an eher besuchsarmen Tagen aufsuchen! Am besten unter der Woche! Wer beispielsweise den ersten heißen Samstag des Jahres oder den 1. Mai für den idealen Tag hält, wird mit Wartezeiten von über einer Stunde vor der Achterbahn bestraft, dann macht der Spaß auch bei den Kindern eine Kurve!

Europa-Park-Straße 2, 77977 Rust,
Telefon (0 78 22) 77 66 88, www.europapark.de
Öffnungszeiten: Anfang April bis Anfang November täglich
von 9 bis 18 Uhr, während der Sommerferien bis 19.30 Uhr.
November bis Anfang Januar täglich von 11 bis 19 Uhr (24. und
25. Dezember geschlossen).

89 | St. Georgen

Hausgemachte Nudeln vom Feinsten

»La Galleria«

Essen & Genießen

Von außen eher unscheinbar überrascht das Restaurant »La Galleria« im Innenbereich mit ehrlicher italienischer Küche. Serviert werden die erfolgreichsten Exportschlager Italiens, angefangen von Antipasti über Pizzen bis hin zu Pastagerichten. Die hausgemachten schwarzen Bandnudeln mit Meeresfrüchten waren sensationell lecker! Auch der unkomplizierte Service hat einen guten Eindruck hinterlassen. Die Verabschiedung erfolgte mit einem freundlichen »Auf Wiedersehen!«. Das lässt sich doch gerne einrichten.

Hauptstraße 26, 78112 St. Georgen,
Telefon (0 77 24) 63 39, www.la-galleria-hils.com
Öffnungszeiten: Dienstag bis Sonntag 11.30 bis 14 Uhr
und 16.30 bis 22 Uhr.

90 | Schiltach

Reine Nervensache

Hirschgrund Zipline Area

Anschauen & Erleben

Dieses Abenteuer spukte mir schon lange im Kopf herum, in der Hirschgrund Zipline Area habe ich es verwirklicht. Dort kann man in spektakulärer Indiana-Jones-Manier, an Stahlseilen gesichert, über sogenannte Ziplines (Seilrutschen) und in atemberaubender Geschwindigkeit über die Baumwipfel »fliegen«. Insgesamt sieben Bahnen umfasst der Parcours, verbunden sind die Ziplines durch Po-

deste und malerische Pfade. Adrenalin pur garantiert das Finale. Die »Gründlebahn«, die längste der sieben Ziplines, ist unfassbare 570 Meter lang und über 80 Meter hoch – das ist deutschlandweit einmalig! So, und nun sind Sie an der Reihe!

Im Heubachtal, 77761 Schiltach, Telefon (0 74 22) 24 06 93, www.hirschgrund-zipline.de Öffnungszeiten: 1. Februar bis 30. November. Rund 2 1/2 Stunden sollten für den Besuch eingeplant werden. Voraussetzungen: Mindestalter neun Jahre, Mindestgewicht 40 kg, Höchstgewicht 115 kg. Outdoorbekleidung und stabile Schuhe sind zweckmäßig. Gurt, Helm, Karabiner und Seilrolle werden leihweise zur Verfügung gestellt. Eine Anmeldung ist immer erforderlich.

91 | Villingen-Schwenningen

Wildes Vogelparadies

Schwenninger Moos

Anschauen & Erleben

Das Schwenninger Moos, ein drei Quadratkilometer großes Naturschutzgebiet, ist ein wichtiges Brut- und Rückzugsgebiet für Vögel. Sehenswerte Perspektiven bietet ein rund 3 1/2 Kilometer langer Rundweg, der teilweise sogar über Holzstege verläuft. Perfekt, um Frösche, Blesshühner und Reiher zu beobachten. Dementsprechend beliebt ist das Schwenninger Moos als Ziel für den sonntäglichen Spaziergang. Auch Jogger drehen hier gerne ihre Runden. Man hat mir berichtet, dass im Winter, wenn sich der Reif über das Gebiet legt, die Eindrücke besonders intensiv sind. Das glaube ich aufs Wort!

Informationen: Das Schwenninger Moos befindet sich in der Nähe des Eissportzentrums (Zum Mooswäldle 9, 78054 Villingen-Schwenningen). Anfragen zu Führungen im Schwenninger Moos: Stadt Villingen-Schwenningen, Grünflächen- und Umweltamt, Telefon (0 77 20) 82 27 41.

92 | Villingen-Schwenningen
Applaus für diese leckere Küche

»Schlenker's Hotel und Restaurant Ochsen«

Essen & Genießen

Im »Ochsen« in Schwenningen wird kulinarische Brauchtumspflege auf besonders schmackhafte Art betrieben. Als traditionelles Wintergericht finden sich von Ende Oktober bis Februar hausgemachte Knöpfle in der Brüh auf der Speisekarte. Immer freitags und samstags wird diese leckere Spezialität zubereitet und serviert. Selbstredend, dass sich ein Besuch im »Ochsen« nicht nur im Winterhalbjahr lohnt. Gekonnt werden regionale Rezepte und internationale Einflüsse miteinander verbunden, die saisonal ausgerichtete Karte hat zu jeder Jahreszeit ihren Reiz. Wer hier gegessen hat, kommt gerne wieder.

*Bürkstraße 59, 78054 Villingen-Schwenningen,
Telefon (0 77 20) 83 90, www.hotelochsen.com
Öffnungszeiten Ochsenstube: Dienstag bis Samstag 18 bis 23 Uhr (Küche bis 21 Uhr) und Samstag 11.30 bis 15 Uhr (Küche bis 13.30 Uhr). Im Sommerhalbjahr ist auch das Ochsengärtle geöffnet, entsprechende Witterungsverhältnisse vorausgesetzt.*

KARLSRUHE – NORD- SCHWARZWALD

Sonntags Ausflüge   7

ESSEN & GENIESSEN

ANSCHAUEN & ERLEBEN

FAMILIEN-ZIELE

REGIONAL EINKAUFEN

ÜBER NACHT

93 | Bad Rippoldsau-Schapbach
Bärenstarker Rückzugsort für Wildtiere

Alternativer Wolf- und Bärenpark

Anschauen & Erleben | Familien-Ziel

Bären und Wölfe in freier Natur erleben und das mitten im Schwarzwald! Gibt's nicht? Gibt's doch! Und zwar im Alternativen Wolf- und Bärenpark in Bad Rippoldsau. Beobachten Sie Bären bei der Nahrungssuche und Wölfe beim Rudelleben und tun Sie dabei Gutes: Die Eintrittsgelder werden ausschließlich für den Unterhalt des Parks eingesetzt. Machen Sie also einen Abstecher zu Bea, Poldi und Jurka und lernen Sie ihre – oft leider auch traurige – Vergangenheit kennen, um die Zukunft dieser einzigartigen Tiere zu sichern.

Rippoldsauer Straße 36/1, 77776 Bad Rippoldsau-Schapbach, Telefon (0 78 39) 91 03 80, www.baerenpark.de
Öffnungszeiten: täglich 10 bis 18 Uhr, November bis Februar 10 bis 16 Uhr.

94 | Bad Wildbad
Auf groben Reifen über Stock und Stein

Bikepark Bad Wildbad

Anschauen & Erleben

Mountainbiken nach Lust, Laune und Können. Im Bikepark Bad Wildbad stehen verschiedene Strecken und Parcours zur Verfügung, auf denen sich Profis so richtig austoben können. Weniger erfahrene Mountainbiker können im Übungsparcours ihre Technik optimieren.

Alles Erforderliche, angefangen von der vorgeschriebenen Schutzkleidung bis hin zum hoffentlich nicht notwendigen Reparaturservice, ist in der »Bikestation« erhältlich. Es werden auch Fahrtechnik-Kurse für alle Altersklassen und Fahrniveaus angeboten. Und wen das noch nicht überzeugt hat: Nach oben auf den Berg geht's bequem mit einem Bike-Lift!

Bikestation, Peter-Liebig-Weg 10, 75323 Bad Wildbad,
Telefon (0 70 81) 38 01 20 oder 95 24 50,
www.bikepark-bad-wildbad.de
Öffnungszeiten: Saison von Ende März bis Anfang November, geöffnet Mittwoch bis Sonntag 10 bis 18 Uhr. Protektorenpflicht auf allen Strecken.

95 | Bad Wildbad
Orientalisches Wellness-Vergnügen

Palais Thermal

Anschauen & Erleben

Das Palais Thermal ist ein richtiger Badepalast und allein schon wegen der sehenswerten historischen Architektur ein Erlebnis. Wo früher Könige und Fürsten badeten, kann man heute wunderbar dem Alltag entfliehen und im heilkräftigen Thermalwasser entspannen. Ein richtiges Juwel ist die Badelandschaft – das Ambiente im kunstvoll restaurierten maurischen Bereich ist einzigartig. Die Saunawelt bietet vier finnische Saunen, Tepidarium,

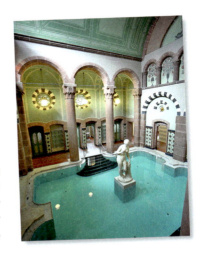

KARLSRUHE – NORDSCHWARZWALD

Orientalische Sauna und ein Römisches Dampfbad. Neu ist das Saunasonnendeck mit Blick über den Schwarzwald. Bei schönem Wetter wird kurzerhand die Cafeteria auf das Sonnendeck verlagert.

Kernerstraße 5, 75323 Bad Wildbad,
Telefon (0 70 81) 30 30-0, www.palaisthermal.de
Öffnungszeiten: Montag bis Freitag 12 bis 22 Uhr, Samstag,
Sonn- und Feiertag 10 bis 22 Uhr. Im historischen Bereich ist Baden
mit und ohne Badebekleidung möglich, die oberen Etagen sind als
textilfreier Saunabereich angelegt.

96 | Baiersbronn

Alle Wünsche unter einem Hut

Naturbad Mitteltal

Anschauen & Erleben

Auf meinem Nachttisch liegen immer viele Bücher, die ich noch nicht gelesen habe. Und der Stapel wird immer höher. Dies liegt zum einen daran, dass es stets zahlreiche Aufgaben gibt, die fristgerecht erledigt sein wollen (ja, ja, lieber Verleger, das Manuskript »Sonntags Ausflüge« ist in Arbeit), zum anderen an meiner Familie, die völlig zu Recht Aufmerksamkeit einfordert. Aus dieser Not mache ich eine Tugend und packe die komplette Familie ins Fahrzeug und wir rauschen ab nach Baiersbronn. Genauer gesagt nach Mitteltal ins dort gelegene Naturbad. Die Anlage ist sehr gepflegt und naturnah gestaltet. Es gibt einen Sprungfelsen und eine Ruheinsel, ein Planschbecken und ein

Schwimmerbecken, ein Beachvolleyballfeld und eine herrliche Wiese. Im Schatten der Bäume lässt sich auch große Hitze ertragen und ich kann mich, umgeben von meiner glücklich beschäftigten Familie, endlich einem Buch widmen. Das Highlight des Naturbades ist aber die Wasserqualität, die auf biologischer Selbstreinigung basiert. Badespaß ohne Chlor – ein natürlich erfrischender Genuss!

Ilgenbachstraße 1, 72270 Baiersbronn-Mitteltal,
Telefon (0 74 49) 9 26 80 90, www.naturbad-mitteltal.de
Öffnungszeiten: April bis Oktober, montags bis freitags 13 bis
19 Uhr; samstags, sonntags, an Feiertagen und während Ferien-
zeiten 10 bis 19 Uhr.

97 | Baiersbronn
Holla, die Waldfee!

Eiszeit-Tour zum Huzenbacher See

Anschauen & Erleben

Schritt für Schritt führt die Route der Eiszeit-Tour tiefer hinein in den Schwarzwald, gewaltige Bäume säumen den Weg. Würde jetzt eine Fee oder ein Waldgeist hinter den Tannen und Fichten hervorspringen, wäre das märchenhafte Schwarzwald-Klischee perfekt. Ab dem Huzenbacher See verengt sich der Weg zu einem schmalen und steilen Naturpfad – Schuhe mit griffigem Profil sind ab hier Pflicht. Ihren ganz besonderen Reiz entfaltet die Eiszeit-Tour im Herbst: Das sich färbende Laub und der erste Reif sorgen zwischen den dunklen Nadelbäumen für sehenswerte Akzente. Rund drei Stunden plus Pausen sollten für die zwölf Kilometer lange Strecke eingeplant werden. Danach haben Sie sich ein Stück Schwarzwälder Kirschtorte mehr als verdient … im nahen Schlemmerparadies Baiersbronn gibt es leckere Adressen!

*www.tourismus-bw.de/Touren/
Baiersbronner-Himmelsweg-Eiszeit-Tour
Informationen: Anfahrt zur Murgtalstraße in 72270 Baiersbronn-
Huzenbach. Ausgangspunkt ist der »Fuhrmanns Brunnen«, der auch
mit öffentlichen Verkehrsmitteln gut erreichbar ist: die S-Bahn-Halte-
stelle »Huzenbach« befindet sich keine 100 Meter entfernt. Ein blauer
Eiskristall auf weißem Grund markiert den Verlauf der Strecke.*

98 | Baiersbronn

Baiersbronn mit dem Segway

»Sankenbach Lodge«

Anschauen & Erleben | Essen & Genießen

Feinschmecker aus aller Welt fühlen sich in Baiersbronn wie im siebten Himmel. Die Wanderung von Gourmettempel zu Gourmettempel ist aber nicht die einzige Disziplin, die hier ausgeübt werden kann. Wer zwischen Frühstück und Dinner die Langeweile vertreiben und sich ein kleines Abenteuer gönnen möchte, ist in Baiersbronn ebenfalls goldrichtig. Schauen Sie doch einfach in der »Sankenbach Lodge« vorbei! Dort treffen Sie auf Eric Bayer und sein Team, die gerne ein passendes Erlebnismenü zusammenstellen. Wie wäre es beispielsweise mit einer geführten Segway-Tour? Auf Wald- und Wiesenwegen geht es mit den elektrisch betriebenen Segways hinauf auf den Stöckerkopf, den Hausberg von Baiersbronn. Oder doch lieber eine rasante Downhill-Fahrt mit einem MountainCart? Das Team bringt die Carts auf den Berg hinauf und postwendend können Sie zur 1,5 Kilometer langen Abfahrt starten. Abschließend in der Lodge noch einen Cappuccino oder eine kleine Stärkung genießen. Ich versichere Ihnen: Nach diesen Erlebnissen haben Sie selbst für die abendfüllende Dauer eines Neun-Gänge-Gourmetmenüs ausreichend Themen für ein unterhaltsames Tischgespräch.

Sankenbachstraße 142, 72270 Baiersbronn,
Telefon (0 74 42) 6 04 29 99, www.schwarzwaldidylle.com
Öffnungszeiten »Sankenbach Lodge«: Mittwoch bis Freitag 11 bis
18 Uhr, Samstag 10 bis 18 Uhr, Sonntag 10 bis 21 Uhr. Start-
zeiten für Touren mit den MountainCarts: samstags und sonntags
jeweils um 11, 12.30, 14 und 15.30 Uhr (an Wochentagen auf
Anfrage und nach Vereinbarung). Reservierung empfohlen. Die
Zeiten und Termine für die Segway-Touren werden auf der Website
www.emove.de publiziert, ebenso die Teilnahmevoraussetzungen.

99 | Enzklösterle

Hirschtal-Fox –
die 400 Meter lange Mega-Seilbahn

Abenteuerpark Enzklösterle

Anschauen & Erleben

Klettern in schwindelerregender Höhe und an einem Seil hängend über Baumkronen hinwegrasen. Wer bei dieser Beschreibung leuchtende Augen bekommt, ist im Abenteuerpark Enzklösterle genau richtig! Highlight sind zwei Megaseilbahnen mit insgesamt 400 Metern Länge. Mit der einen Seilbahn geht es in rasanter Geschwindigkeit und in bis zu 30 Metern Höhe über das Hirschtal, dann heißt es »umklicken« und mit der zweiten Seilbahn geht's wieder zurück. Im angeschlossenen Waldpark gibt es sieben unterschiedliche Parcours und einen der höchsten FreeFall-Jumps in Deutschland. Zusätzlich erfährt man viel Interessantes und Wissenswertes über die Ökologie des Waldes.

Hirschtalstraße 50, 75337 Enzklösterle,
Telefon (0 70 56) 92 71 96, www.naturkonzepte.com

KARLSRUHE – NORDSCHWARZWALD

Öffnungszeiten: Der Abenteuerpark ist samstags, sonntags und an Feiertagen geöffnet; im März und April 13 bis 18 Uhr, von Mai bis Mitte Oktober 11 bis 18 Uhr. Zusätzliche Öffnungszeiten in den Ferien – bitte informieren Sie sich auf der Website.

100 | Freudenstadt

Ganz groß rauskommen

Schwarzwald Mittelweg

Anschauen & Erleben

Machen wir uns nichts vor: Einem sonntäglichen Spaziergang mit der Familie oder der Verwandtschaft trauern die allerwenigsten nach. Die dahintröpfelnden Unterhaltungen und eine zeitlupenartige Schrittgeschwindigkeit sorgten stets für maximale Langeweile und haben den kaum zwei Kilometer langen Ausflug zwischen Mittagessen und Kaffeestunde zäh in die Länge gezogen. Warum sich also auf einen mehrtägigen, kilometerlangen Weg begeben?

Unser Alltag ist schnelllebig, von belanglosen Nachrichten lässt man sich – das Smartphone fest im Griff und den Daumen im Anschlag – an nahezu jedem Ort und rund um die Uhr ablenken. Vieles bleibt buchstäblich auf der Strecke. Wer Entschleunigung und ehrliche Gespräche sucht, kann dies am ehesten auf einer längeren Wanderung finden. Schon vor Beginn der Tour tüftelt man im Kreise der Mitwanderer an den Etappen und befreit sich von unnötigem Ballast: Was man nicht unbedingt braucht, kommt erst gar nicht in den Rucksack. Weniger Ablenkung, dafür mehr Entspannung und Naturerlebnis. Zum Beispiel auf dem 233 Kilometer langen Schwarzwald Mittelweg. Das Netz an Übernachtungs- und Verpflegungsmöglichkeiten entlang der Strecke ist ebenso perfekt wie die Verkehrsanbindungen: Der Startpunkt (Pforzheim) und das Ziel der Route (Waldshut) lassen sich bequem mit der Bahn erreichen. Wer nicht den kompletten Mittelweg zurücklegen möchte, kann beispielsweise das 151 Kilometer lange Teilstück von Freudenstadt nach Waldshut am Hochrhein wählen. Auch Tagesetappen sind möglich. Zu einem der schönsten Abschnitte des Mittelwegs zählt definitiv die Verbindung zwischen Freudenstadt und Schiltach, die ab Zwieselberg auf herrlichen, abenteuerlichen Waldpfaden verläuft.

www.schwarzwald-tourismus.info/Entdecken/ Wandern/Fernwanderwege/Mittelweg
Ideale Wanderzeit: Frühling bis Herbst, auf Niederschläge und kühlere Temperaturen muss man – speziell in den höheren Lagen – auch in den Sommermonaten immer vorbereitet sein. Fleece und Regenschutz gehören in jedem Fall in den Rucksack. Tipp: Tagesetappe auf dem Schwarzwald Mittelweg von Freudenstadt nach Schiltach (ca. 28 km / Rückfahrt zum Ausgangspunkt mit der Ortenau-S-Bahn). Orientierung bietet das Wegzeichen des Mittelweges, eine rote Raute mit senkrechtem weißem Balken auf weißem Grund.

101 | Gaggenau

Freizeitvergnügen ohne Kampf um den Liegestuhl

Waldseebad Gaggenau

Anschauen & Erleben | Familien-Ziel

Deutschland ist Weltmeister. Weltmeister im Reservieren von Liegestühlen. Eine Disziplin, die vornehmlich in Ferienresorts mit einem limitierten Angebot an Liegen ausgeübt wird. Teilnehmen ist ganz einfach: Wecker auf sechs Uhr stellen, Handtuch unter den Arm klemmen, am Pool oder Strand einen Liegestuhl in Bestlage auswählen und mit dem Handtuch markieren. Danach zurück ins Hotelzimmer, gemütlich ausschlafen und nach dem Frühstück ganz entspannt den reservierten Platz in Besitz nehmen. Inwieweit dieses Vorurteil den Tatsachen entspricht, kann ich Ihnen nicht sagen. Ich möchte an dieser Disziplin aber auch keinesfalls teilnehmen. Stattdessen fahre ich nach Gaggenau. Eine 15 000 Quadratmeter große Liegewiese und eine annähernd 4500 Quadratmeter große Wasserfläche machen das dortige Waldseebad zum größten Naturbad Süddeutschlands. Ganz ohne den Wecker stellen zu müssen, findet man auf diesem wunderbar angelegten Areal garantiert einen schönen Platz. Ein weiterer Pluspunkt des Waldseebades ist das natürliche Ökosystem, das zur Wasseraufbereitung angelegt wurde. Ohne den Einsatz von Chemie wird das Wasser auf Basis von Mikroorganismen, Wasserpflanzen, Kies- und Sandfiltern gereinigt. Besser geht's nicht!

Waldstraße 70, 76571 Gaggenau,
Telefon (0 72 25) 98 48 91, www.waldseebad-gaggenau.de
Öffnungszeiten: Mitte Mai bis Mitte September täglich 9 bis 20 Uhr.

102 | Glatten

Sich einfach mal treiben lassen

Naturerlebnisbad Glatten

Anschauen & Erleben | Familien-Ziel

Lufttemperatur 27 Grad, das Wasser angenehm warm, mit netten Leuten Volleyball auf Sand spielen, den Wind sanft um die Nase wehen lassen, unter schattigen Bäumen ein kühles Getränk genießen: Für diese lässige Ferienstimmung würden so manche Leute um die halbe Welt fliegen. Ich hingegen lege einen Zwischenstopp in Glatten ein. Für eine kurze Auszeit vom Alltag ist das Naturerlebnisbad in Glatten ideal: Die Anlage präsentiert sich bestens gepflegt, das Wasser ist von ausgezeichneter Qualität und die Seerosen, die bis fast an den Schwimmbereich heranreichen, sorgen für einen Schuss Exotik.

*Lombacher Straße 51, 72293 Glatten,
www.naturerlebnisbad-glatten.de
Öffnungszeiten: Dienstag bis Freitag 13 bis 19 Uhr; Samstag,
Sonn- und Feiertag 10 bis 19 Uhr. Über die Telefon-Hotline erfahren
Sie, ob das Bad witterungsbedingt für den öffentlichen Badebetrieb
geöffnet ist: (0 74 43) 2 49 82 73. Tipp: »Seerosen-Frühstück«
sonntags von 10 bis 13 Uhr, um Anmeldung wird gebeten).*

103 | Karlsruhe

Kopfüber ins nostalgische Badevergnügen

Therme Vierordtbad

Anschauen & Erleben

In der wunderbar nostalgischen Badehalle der Therme Vierordtbad werden Sie keine Wasserrutschbahn, keine Sprungtürme und auch keine Beach-Party finden. Stattdessen präsentiert sich das historische Badehaus im klassizistischen Stil mit Sauna und Wellnessbereich, in dem auch Massagen angeboten werden. In der Rotunde, dem Herzstück des Bades, finden regelmäßig kulturelle Veranstaltungen statt.

*Ettlinger Straße 4, 76137 Karlsruhe,
Telefon (07 21) 1 33 52 25, www.ka-baeder.de/vierordtbad
Öffnungszeiten: Montag 14 bis 23 Uhr, Dienstag bis Freitag 10 bis
23 Uhr, Samstag 10 bis 22 Uhr, Sonntag 10 bis 20 Uhr. Mittwoch ist
Frauenbadetag.*

104 | Karlsruhe

Auf schmalen Gleisen durch den Park

Schlossgartenbahn

Anschauen & Erleben | Familien-Ziel

Die Schlossgartenbahn hat Kultstatus. Ursprünglich als temporäres Transportmittel während der Bundesgartenschau 1967 gedacht, schlossen die Karlsruher ihr »Bähnle« schnell ins Herz. Seitdem wird jeden Sommer der zweieinhalb Kilometer lange Rundkurs durch den Karlsruher Schlosspark von Diesel- und Dampflokomotiven befahren. Keine Frage: die Schlossgartenbahn gehört zu Karlsruhe wie der schiefe Turm zu Pisa.

*Schlossgarten, 76133 Karlsruhe,
Telefon (07 21) 66 14 57, www.schlossgartenbahn.de
Informationen: Betriebstage von Karfreitag bis Allerheiligen –
samstags 13 bis 19 Uhr, Sonn- und Feiertage 11 bis 19 Uhr.
Zwischen Anfang Juni und Anfang Oktober auch werktags von 13 bis
18 Uhr. Rund 20 Minuten dauert eine Fahrt. Bei schlechtem Wetter
wird der Betrieb eingestellt.*

105 | Karlsruhe

Wo Pommes und Burger zum Edelimbiss werden

»bratar«

Essen & Genießen

Das »bratar« ist kein Fastfood-Schuppen im herkömmlichen Sinne. Ganz im Gegenteil. Zubereitet werden nur natürliche Zutaten, die frei von chemischen Zusätzen und aus nachhaltiger Landwirtschaft sind. Vor den Augen der Gäste wird für jeden »Handmade Burger« regio-

nales Rindfleisch von Hand geformt und individuell nach Wunsch belegt. Beispielsweise mit würzigem Bergkäse, Mozzarella, Bacon oder Parmaschinken. Auch die Bratwürste vom Weidelamm – fein gewürzt mit Thymian, Oregano, Rosmarin und einem Hauch Zitrone – sind eine Versuchung. Wer an gutes Fastfood glaubt, wird hier selig.

Erbprinzenstraße 27, 76133 Karlsruhe,
Telefon (07 21) 98 23 02 30, www.bratar.de/karlsruhe
Öffnungszeiten: Montag bis Donnerstag 11 bis 24 Uhr, Freitag und
Samstag von 11 bis open end, Sonntag 11 bis 23 Uhr.

106 | Karlsruhe

Dem kulinarischen Himmel ein Stück näher

»Anders auf dem Turmberg«

Essen & Genießen

Eine wahre Freude ist es für mich, bei einer kreativen Persönlichkeit, die sich kulinarisch verwirklicht, speisen zu dürfen. Das »Anders auf dem Turmberg« ist eine dieser Adressen, deren Besuch man sich hin und wieder gönnen sollte. Kein geringerer als Sören Anders schwingt hier oben das kulinarische Zepter. Ausgebildet in Spitzenbetrieben erarbeitete er sich mit gerade einmal 24 Jahren seinen ersten Michelinstern und heimste damit gleich eine weitere Auszeichnung ein: Sören Anders wurde zu Deutschlands jüngstem Sternekoch gekürt. Sein

Erfolgsrezept überzeugt auf ganzer Linie: Verarbeitet werden nur die allerbesten Zutaten, bevorzugt von Erzeugern aus der unmittelbaren Umgebung. Das Ergebnis ist eine exzellente Küche, die kreativ und überraschend zugleich ist. Erleben kann man Sören Anders modern interpretierte Aromaküche im »Anders Superior«. Auch die direkt angeschlossene »Turmberg Brasserie« lohnt einen Besuch: Hier dominieren regionale, saisonal ausgerichtete Spezialitäten. Keine Frage – das »Anders auf dem Turmberg« schmeckt nach einer baldigen Wiederholung!

Reichardtstraße 22, 76227 Karlsruhe-Durlach, Telefon (07 21) 4 14 59, www.anders-turmberg.de Öffnungszeiten »Anders Superior«: Dienstag bis Samstag ab 19 Uhr. Reservierung erforderlich. Öffnungszeiten »Turmberg Brasserie«: täglich 11.30 bis 23.30 Uhr, reduzierte Karte von 14 bis 17.30 Uhr. Reservierung empfohlen.

107 | Loßburg

Zum Kuckuck mit der Langeweile

Naturpfad rund um die Kinzigquelle

Familien-Ziel

Rund um die Quelle der Kinzig werden auf einem 1,8 Kilometer langen Naturpfad die vier Elemente Feuer, Wasser, Luft und Erde thematisiert. In einem Niedrigseilgarten kann man seine Geschicklichkeit unter Beweis stellen und in sechs hölzernen Lesebüchern verstecken sich Geschichten über Feen, Wichtel und den sagenumwobenen Kinziggeist. Eingebettet in die schöne

Schwarzwaldlandschaft ist der Naturpfad ein kleines Familienparadies, das bequem und auf eigene Faust entdeckt werden kann.

Schömberger Straße, 72290 Loßburg, www.zauberland-lossburg.info
Informationen: Der Naturpfad befindet sich im »Zauberland«
gegenüber dem Freibad. Der Pfad ist ganzjährig frei zugänglich.

108 | Loßburg

Mit viel, viel Liebe gemacht

Landgasthof Hotel »Hirsch«

Essen & Genießen | Über Nacht

Bratensoße aus dem Eimer, Salat aus der Tüte? Im Landgasthof Hotel »Hirsch« undenkbar! Hier hat man sich der Zubereitung nachhaltig erzeugter Produkte verschrieben, dementsprechend sorgfältig werden Lieferanten ausgewählt. Feinwürzige Käsespezialitäten werden von der benachbarten Hofkäserei bezogen, fangfrische Fische von der Forellenzucht Lohmühle und Lammfleisch vom Schäfer Fehrenbacher. Da versteht es sich von selbst, dass auch die Kuchenspezialitäten hausgemacht sind: die Seniorchefin höchstpersönlich lässt es sich nicht nehmen, ihre ausgezeichnete Backkunst unter Beweis zu stellen. Wer nach einem exzellenten Abendessen den Heimweg nicht mehr

antreten möchte, kann in einem der 43 Hotelzimmer übernachten. Die Zugabe gibt's im Wellnessbereich mit Saunaländle, Knet- und Badstüble und einem ansprechend gestalteten Ruhebereich.

Hauptstraße 5, 72290 Loßburg,
Telefon (0 74 46) 9 50 50, www.hirsch-lossburg.de

109 | Loßburg

Alles Käse ... und garantiert lecker!

Conni's Hofkäserei

Regional Einkaufen

Die Kunst der Käseherstellung hat Cornelia Reich in den Schweizer Bergen gelernt und von dort in den Schwarzwald gebracht. Mit eigenhändig gesammelten Kräutern verleiht sie ihren Käsesorten eine ganz besondere, unverwechselbare Note: Lindenblüten verfeinern den Käse mit dem passenden Namen »Lindi«, Fichten- und Tannentriebe sorgen im »Waldhexenkäse« für ein kräftiges Waldaroma. Erhältlich sind diese und weitere Produkte – darunter Bio-Joghurt, Quark und Frischkäse – direkt vor Ort im Hofladen. Immer freitags wird frisches Holzofenbrot mit einer unvergleichlich knusprigen Kruste gebacken. Alles aus naturreinen Zutaten – was für ein Genuss!

Schwenkenhof, 72290 Loßburg-24 Höfe,
Telefon (0 74 44) 44 79, www.connis-hofkaeserei.de
Öffnungszeiten Hofladen: Donnerstag und Freitag 14.30 bis 18 Uhr.

110 | Pforzheim

Statt Frust auf der A 8

Enzauenpark

Essen & Geniessen | Anschauen & Erleben | Familien-Ziel

Eigentlich könnte man folgende Verkehrsmeldung ein einziges Mal aufzeichnen und dann auf Knopfdruck – bei Bedarf mehrfach täglich – abspielen: »Autobahn A8 Stuttgart in Richtung Karlsruhe, zwischen Anschlussstelle Pforzheim-Ost und Anschlussstelle Karlsbad: Stau.« Gefangen in der Blechlawine, die sich im Zeitlupentempo die Autobahn entlangschiebt, kann man entweder verzweifeln. Oder man setzt auf Höhe »Pforzheim-Ost« den Blinker, verlässt die A8 und gönnt sich eine kurze Auszeit. Keine fünf Fahrminuten von der Autobahnausfahrt entfernt befindet sich der Enzauenpark. Eine beliebte Oase mit einem schönen Wasserspielplatz für Kinder, weitläufigen Spazierwegen entlang der Enz und einem großen Biergarten (2000 Plätze), in dem man sich eine Erfrischung gönnen kann.

Enzauenpark, Hohwiesenweg 34, 75175 Pforzheim
Informationen: Der Enzauenpark befindet sich direkt an der B 10, vor Ort stehen zahlreiche kostenfreie Parkplätze zur Verfügung. Der Enzauen-Biergarten (Telefon (0 72 31) 56 51 97) hat in den Sommermonaten bei schönem Wetter täglich von 10 bis 22 Uhr geöffnet.

KARLSRUHE – NORDSCHWARZWALD

RHEIN-NECKAR
Sonntags Ausflüge 8

ESSEN & GENIESSEN

ANSCHAUEN & ERLEBEN

FAMILIEN-ZIELE

REGIONAL EINKAUFEN

ÜBER NACHT

111 | Mannheim

Ein Museum mit Lern- und Spaßfaktor

Technoseum

Anschauen & Erleben | Familien-Ziel

Tüftler und Erfinder der Region Mannheim haben dem weltweiten technischen Fortschritt ordentlich auf die Sprünge geholfen: Karl Freiherr von Drais hat die erste Laufmaschine, den Vorgänger des Fahrrades, gebaut. Heinrich Lanz legte den Grundstein für den weltweiten Siegeszug der Lanz-Landmaschinen. Und Automobilpionier Carl Benz hat den Benz Patent-Motorwagen Nummer 1 und damit das erste Automobil der Welt konstruiert. Dass Mannheim heute Standort des Technoseums, eines der größten Technikmuseen Deutschlands ist, könnte passender nicht sein. Das Technoseum bietet lebendige Eindrücke vom technischen Wandel der vergangenen zwei Jahrhunderte. Eine Dampfmaschine oder eine Textilweberei kann man ebenso in Funktion erleben wie eine Museums-Eisenbahn, mit der man sogar aus dem Gebäude hinaus in den Park fahren kann. Besonders spannend wird es in den drei Elementa-Bereichen: Hier können Besucher selbst ausprobieren und experimentieren, selbst in die Zukunft und auf kommende technische Innovationen kann man einen Blick werfen.

Museumsstraße 1, 68165 Mannheim,
Telefon (06 21) 42 98-9, www.technoseum.de
Öffnungszeiten: täglich 9 bis 17 Uhr
(geschlossen am 24. und 31. Dezember).

Mannheim
Back to the Sixties

Café »Lido«

Essen & Genießen

Mannheim? Bereits das Bekenntnis, sein Wochenende in Mannheim verbringen zu wollen, löst ungläubiges Kopfschütteln aus. Völlig zu unrecht – vermutlich aus Mangel an persönlichen Erfahrungen – werden eine ganze Reihe von Vorurteilen über Mannheim gepflegt. Dabei ist Mannheim eine multikulturelle, offene Stadt mit einem abwechslungsreichen kulturellen und gastronomischen Angebot. So manche Bar, so manches Café hat das Potenzial zum Lieblingsplatz. Wie zum Beispiel das »Lido«. Dort unternimmt man eine Zeitreise zurück in die 60er-Jahre. Die Retroeinrichtung erinnert an Omas Wohnzimmer und das gastronomische Angebot spannt den Bogen vom Frühstück über Snacks und Salate bis hin zu Kuchen- und Eisspezialitäten. Im Winter lädt ein Kamin zusätzlich zum Verweilen ein, im Sommer eine lauschige Terrasse.

Seckenheimer Straße 26, 68165 Mannheim,
Telefon (06 21) 43 17 99 97
Öffnungszeiten: Sonntag bis Dienstag 9 bis 19 Uhr,
Mittwoch bis Samstag 9 bis 23 Uhr.

113 | Mannheim
Einfach. Preiswert. Schlafen.

Hotel »Youngstar«
Über Nacht

Wenn Sie in Mannheim keinen Bekannten haben, auf dessen Couch Sie übernachten können, ist das Hotel »Youngstar« eine gute Alternative. Im Haus gefällt das ansprechende Design und die Zimmer punkten mit großen Fernsehern und Bädern mit Regendusche. Darüber hinaus sind das Frühstück, WLAN, Festnetz-Telefonate innerhalb Deutschlands und die Nutzung der Sauna im Zimmerpreis inbegriffen. Der sehr gute Standard und das angenehm unkomplizierte Team machen die Entfernung zur Mannheimer Innenstadt locker wett.

Graudenzer Linie 96, 68307 Mannheim, Telefon (06 21) 30 74 98 13, www.youngstar.biz

114 | Neckargemünd
Kurz mal raus aus dem Alltag

Terrassen-Freischwimmbad Neckargemünd
Anschauen & Erleben | Familien-Ziel

Stell dir vor, es ist Sommer. Brütend heiß. Du hattest in Mannheim abends zuvor eine Show und auf der Heimfahrt verlässt du bei Heidelberg die Autobahn und biegst kurzerhand in Richtung Neckargemünd ab. Dort kommst du an ein Freibad, dessen Lage direkt am Neckar einfach nur herrlich ist. Zuerst ziehst du ein paar Runden im Naturbad, das mit biologisch aufbereitetem Wasser punktet. Danach entspannst du einige Minuten auf der Liegewiese mit ihrem schönen Baumbestand und gönnst dir noch einen Fruchtcocktail an der Neckarstrandbar »Abona Beach«. Als einer der glücklichsten Menschen der Welt fährst du nach einer knappen Stunde wieder weiter. Das kann ich wirklich nur empfehlen. Vielleicht haben Sie,

geneigte Leserin, geneigter Leser, sogar einen halben Tag Zeit für diesen idyllischen Ort – ich beneide Sie vorauseilend darum!

Schwimmbadstraße 2, 69151 Neckargemünd,
Telefon (0 62 23) 7 44 03, ww.neckargemuend.de
Öffnungszeiten: Montag, Mittwoch, Freitag, Samstag und Sonntag 9 bis 19 Uhr; Dienstag und Donnerstag 8 bis 19 Uhr. Badschließung ist jeweils um 20 Uhr.

HEILBRONN-FRANKEN
Sonntags Ausflüge 9

ESSEN & GENIESSEN

ANSCHAUEN & ERLEBEN

FAMILIEN-ZIELE

REGIONAL EINKAUFEN

ÜBER NACHT

115 | Auernhofen

Weinbau im Einklang mit der Natur

Kraemer Ökologischer Land- & Weinbau

Regional Einkaufen | Über Nacht

Das Internet ist eine feine Sache: Informationen und Suchergebnisse stehen im Überfluss zur Verfügung, Websites lassen sich mit wenigen Klicks weltweit und in Bruchteilen einer Sekunde durchforsten. Zugegeben – ich bin eifriger Nutzer des Internets, doch spätestens beim Shopping bevorzuge ich die analoge Methode. Mir fällt kein Stein vom Herzen, nur weil eine Bestellung geglückt ist. Und ich schreie auch nicht vor Glück, nur weil im dritten Anlauf das bestellte Kleidungsstück endlich passt. Meine Bücher kaufe ich lieber beim Buchhändler um die Ecke und die Flasche Wein hole ich lieber im Weingut vor Ort. Zum einen schmeckt der Wein stets dort am besten, wo er wächst. Die Möglichkeit, Weine direkt beim Erzeuger zu verkosten und neue Geschmacksnuancen zu entdecken, kann kein Online-Versandhändler dieser Welt bieten. Zum anderen wird der Genuss noch intensiver, wenn man die Leidenschaft des Winzers für seine Arbeit und seine Weine kennengelernt hat. Ein richtiges Kleinod ist beispielsweise das Bio-Weingut Kraemer. Für einen natürlichen Weingenuss leisten Simone und Stephan Kraemer in ihrer Steillage »Tauberzeller Hasennestle« Knochenarbeit. Basis der charaktervollen Weine ist – neben der komplett biologisch ausgerichteten Bewirtschaftung der Rebfläche – die besonders schonende Verarbeitung der Trauben. Um alle Aromen und Inhaltsstoffe zu erhalten, werden die geernteten Trauben schwach gepresst und langsam vergoren. Produktqualität und der bewusste Umgang mit der Natur werden aufs Beste miteinander verbunden.

Lange Dorfstraße 24, 97215 Auernhofen,
Telefon (0 98 48) 9 68 45, www.kraemer-oeko-logisch.de
Informationen: Weinverkauf ab Hof. Direkt auf dem Winzer-
hof stehen drei Ferienwohnungen zur Verfügung, die unter der
Verwendung baubiologischer Materialien errichtet wurden.

116 | Blaufelden
Auf Schusters Rappen durch Hohenlohe

Kocher-Jagst-Trail

Anschauen & Erleben

Tagsüber Trekking, abends Kulinarisches aus der Region. In Hohenlohe kann eine 200 Kilometer lange Wandertour entlang des Kocher-Jagst-Trails« auf perfekte Weise mit kulinarischen Hochgenüssen kombiniert werden. Die Aussicht auf fein zubereitete Regionalküche am Etappenziel, Spezialitäten vom Limpurger Rind »bœuf de Hohenlohe« oder vom Schwäbisch-Hällischen-Landschwein »Mohrenköpfle« etwa, lassen einen auch längere Strecken überstehen. Angelegt ist der Kocher-Jagst-Trail als zehntägige Rundtour, die sich in drei Abschnitte unterteilt: Jagststeig, Bühlersteig und Kochersteig. Die Start- und Zielpunkte der einzelnen Etappen lassen sich hierbei mit öffentlichen Verkehrsmitteln erreichen oder befinden sich in der Nähe von Bahnhöfen, sodass auch Tagestouren und Teiletappen problemlos machbar sind. Eine besonders reizvolle Variante ist die dreitägige Wanderstrecke entlang des Kochersteigs. Erster Tag – von Blaufelden nach Braunsbach (17,7 km). Zweiter Tag – von Braunsbach nach Heimhausen (22,6 km). Dritter Tag – von Heimhausen nach Schwäbisch Hall-Hessental (16,5 km / Rückfahrt zum Ausgangspunkt mit der Bahn).

Hohenlohe + Schwäbisch Hall Tourismus e. V., Münzstraße 1,
74523 Schwäbisch Hall, Telefon (07 91) 7 55 74 44,
www.kocher-jagst-trail.de

117 | Boxberg

Baumwipfel-Abenteuer à la carte

Waldseilgarten Boxberg

Anschauen & Erleben

Für die Macher des Waldseilgartens Boxberg steht Sicherheit an erster Stelle: Im kompletten Parcours kommen ausschließlich »Smart-Belay-Rollkarabiner« zum Einsatz, die – bei Anwendung wie in der Einweisung besprochen und geübt – ein versehentliches Komplettaushängen praktisch unmöglich machen. Ist einer der beiden Karabiner offen, so ist der Öffnungsmechanismus des anderen blockiert. Derart durchdacht gesichert steht dem Vergnügen hoch oben in den Baumwipfeln nichts mehr im Wege. In zwölf Metern Höhe gilt es insgesamt 13 Übungen zu bewältigen, darunter zwei Seilbahnen. Auch das Konzept punktet: Geöffnet wird die Anlage nur nach vorheriger Reservierung; ab einer Teilnehmerzahl von 15 Personen ist die exklusive Anmietung des Waldseilgartens möglich. Ob Privatgruppe, Firma oder Schulklasse – der Waldseilgarten Boxberg kann so zum vereinbarten Zeitpunkt ganz privat erlebt werden. Ohne Anstehen und ohne Wartezeiten. Und für den Plausch danach steht vor Ort eine Grillstelle zur Verfügung, deren Nutzung im Arrangement ebenfalls inbegriffen ist. Besser geht's nicht!

Rondellhütte, 97944 Boxberg, www.waldseilgarten-boxberg.de
Informationen: Buchungsanfragen über das Formular auf der Website. Mindestalter für den Hochseilparcours: zwölf Jahre (bzw. Klasse sechs). Mindestalter Kinderparcours: acht Jahre (bzw. Klasse drei).

118 | Buchen

Zwei Millionen Jahre Erdgeschichte

Eberstadter Tropfsteinhöhle

Anschauen & Erleben | Familien-Ziel

Eine Hochzeitstorte inmitten einer unterirdischen Höhle? Ob hier nicht zu viel versprochen wird, nur um Besucher anzulocken? Mit einer gehörigen Portion Neugier geht's unter Tage und hinein in die Eberstadter Tropfsteinhöhle. Rund 600 Meter lang schlängelt sich der mühelos begehbare Teil der ehemaligen Flusshöhle durch unterschiedliche Muschelkalkformationen – mal enge Schlucht, mal lichter Dom – flankiert von teilweise recht kunstvoll geformten Gebilden. Vor unglaublichen zwei Millionen Jahren ist diese Tropfsteinhöhle entstanden, zigtausende Jahre hat es gedauert, die spitz zulaufenden Stalaktiten und Stalagmiten zu bilden. Und plötzlich, im hinteren Drittel der Höhle, wird das Versprechen eingelöst. Mit großen Augen stehen wir vor der »Hochzeitstorte«, einem filigran gezeichneten Tropfsteingebilde, das völlig zu Recht zu einem der schönsten geologischen Naturdenkmale Europas zählt.

Höhlenweg 6, 74722 Buchen (Odenwald), www.tropfsteinhoehle.eu
Öffnungszeiten: März bis Ende Oktober täglich von 10 bis 16 Uhr,
im März, April, September und Oktober ist montags Ruhetag,
November bis Februar samstags und sonntags von 13 bis 16 Uhr.
Führungen beginnen meist zur vollen Stunde. Die Lufttemperatur in
der Höhle liegt ganzjährig bei konstanten elf Grad.

119 | Bühlerzell

Achtung: Dieser Käse kann Lust auf mehr verursachen!

Dorfkäserei Geifertshofen

Regional Einkaufen

In der Dorfkäserei in Geifertshofen werden 15 verschiedene naturbelassene Käsesorten aus frischer Heumilch hergestellt. Dabei wird große Sorgfalt auf die Verarbeitung der Produkte im Einklang mit der Natur gelegt. Das Ergebnis lohnt die Mühe: Der handwerklich hergestellte Käse schmeckt einzigartig – kein Vergleich zur industriellen Massenware aus dem Supermarkt-Kühlregal. Tipp: Immer mittwochs und samstags, von 7 bis 13 Uhr, ist die Dorfkäserei mit einem eigenen Stand auch auf dem Wochenmarkt in Schwäbisch Hall vertreten.

*Bachstraße 2, 74426 Bühlerzell-Geifertshofen,
Telefon (0 79 74) 9 11 77-0, www.dorfkaeserei.de
Öffnungszeiten: Freitag 14 bis 18 Uhr, Samstag 9 bis 12.30 Uhr.*

120 | Cleebronn

Ein Tag voller Attraktionen und spannender Eindrücke

Erlebnispark Tripsdrill

Familien-Ziel | Über Nacht

Von Null auf Tempo 100 in 1,6 Sekunden – die Katapultachterbahn »Karacho« macht ihrem Namen alle Ehre. Kein Formel-1-Bolide kann vergleichbare Beschleunigungswerte aufweisen. Und auch sonst hat der Erlebnispark Tripsdrill einiges zu bieten. Bei rund 100 Attraktionen für alle Altersklassen, darunter die komplett aus Holz gebaute Achterbahn »Mammut« oder Wildwasser-Rafting im Waschzuber, vergeht der Tag wie im Flug. Wer es weniger turbulent mag, wird sich im benachbarten Wildpark wohlfühlen. Keine zehn Gehminuten vom Erlebnispark entfernt sind rund 40 Wildtierarten zu Hause. Mit einigen Tieren kann man fast auf Tuchfühlung gehen: Damwild und Minihirsche streifen in großen Freigehegen durch das Areal, als Besucher sind Sie mittendrin. Direkt angeschlossen ist das Natur-Resort – hier kann in außergewöhnlichen Unterkünften übernachtet werden: im urigen Schäferwagen oder in luftiger Höhe in Baumhäusern.

Treffentrill 1, 74389 Cleebronn,
Telefon (0 71 35) 99 99, www.tripsdrill.de
Öffnungszeiten: Mitte April bis Anfang November täglich 9 bis 18 Uhr. Das Wildparadies ist nach Saisonende und über die Wintermonate an allen Wochenenden, Ferien- und Feiertagen von 9 bis 17 Uhr geöffnet. Weitere Informationen: Wegen der freilaufenden Tiere können Hunde im Wildpark nicht mitgeführt werden. Übernachtung im Schäferwagen für zwei bis fünf Personen, im Baumhaus für drei bis sechs Personen; WCs und Duschen befinden sich in einem zentralen Sanitärgebäude; das Frühstück wird mitten im Wildpark in der »Wildsau-Schänke« serviert.

121 | Heilbronn
Hier blüht Heilbronn auf

Botanischer Obstgarten Heilbronn

Anschauen & Erleben | Essen & Genießen

Vom Heilbronner Marktplatz zum Botanischen Obstgarten sind es gerade einmal zwei Kilometer, der Unterschied könnte aber größer nicht

sein. Auf der einen Seite quirlige Innenstadt, auf der anderen Seite eine grüne Oase. Im Botanischen Obstgarten kann man eine Pause einlegen, unter schattigen Bäumen ein Buch lesen, über Streuobstwiesen wandeln und Blumen bewundern. Oder einfach nur für einen Moment die Füße hochlegen. Ich liebe diese kurzen Auszeiten … und lasse meinen Blick bewundernd über das Gelände schweifen. Nach dem Augenschmaus gibt es einen Gaumenschmaus. Im von Schülern betriebenen Pestalozzi-Café wird Kuchen aus eigener Herstellung angeboten. Die Schüler der Pestalozzischule Heilbronn – einer Förderschule – sind hierbei in den kompletten Prozess eingebunden. Angefangen vom Einkauf der Zutaten über das Backen der Kuchen bis hin zum Betrieb des Cafés vor Ort. Ein bemerkenswertes Projekt, das zur Nachahmung empfohlen ist!

Erlenbacher Straße, 74076 Heilbronn, Telefon (0 71 31) 3 42 80, www.botanischer-obstgarten.de Öffnungszeiten Botanischer Obstgarten: April bis September täglich 8 bis 20 Uhr, Oktober bis März täglich 9 bis 17 Uhr. Öffnungszeiten Pestalozzi-Café: Anfang Juni bis Ende September Freitag und Samstag 14 bis 17 Uhr. Der Haupteingang des Botanischen Obstgartens befindet sich in der Heilbronner Nordstadt Ecke »Erlenbacher Straße« / »Im Breitenloch«.

122 | Heilbronn

Eine ganze Region in Feierlaune

Unterländer Volksfest

Anschauen & Erleben | Essen & Genießen

Das Unterländer Volksfest, das alljährlich auf der Heilbronner Theresienwiese gefeiert wird, ist Anziehungspunkt für bis zu 250 000 Gäste. Mittendrin auf dem Areal: das Festzelt der Familie Göckelesmaier.

In bester Göckelesmaier-Tradition werden knusprige Grillhähnchen und süffiges Festbier serviert, obendrein wird ein klasse Liveprogramm geboten. Attraktionen im Außenbereich – darunter Auto-Scooter, Kart-Rennbahn und Riesenrad – sorgen für Fahrspaß pur. Keine Frage: Das Fest ist unterhaltsamer als das gesamte deutschsprachige TV-Programm zusammengenommen. Auch der Termin der Veranstaltung – Anfang Sommer – ist perfekt gewählt: Das Unterländer Volksfest liegt optimal zwischen Stuttgarter Frühlingsfest und Cannstatter Volksfest. Wer Göckelesmaiers knusprigen Grillhähnchen ebenso verfallen ist wie ich, besucht am besten alle drei Veranstaltungen.

Theresienwiese, 74072 Heilbronn
Informationen: Die Theresienwiese befindet sich 400 Meter vom Heilbronner Hauptbahnhof entfernt. Anfahrt: Theresienstraße, 74072 Heilbronn. Termin 2014: 25. Juli bis 4. August. Reservierungen im Festzelt Göckelesmaier: www.goeckelsmaier.de

123 | Heilbronn

Heilbronns sonnigster Platz

Hip Island

Anschauen & Erleben

Shirt, Short und Flip-Flops eingepackt und nichts wie raus an den Strand. Mein Ziel: »Hip Island« in Heilbronn. Hier kann man sommerliche Lässigkeit pflegen, schöne Menschen beobachten, bunte Cocktails und die Lounge-Musik angesagter DJs genießen. Alles, was zu Sonne und Strand gehört, findet man auf Hip Island. Feins-

ter Quarzsand auf 3000 Quadratmeter Fläche, drei Bars und über 200 Liegestühle sorgen für Urlaubsfeeling mitten in Heilbronn. Geschwärmt wird auch von den langen Nächten und Partys, die hier gefeiert werden.

Edisonstraße, 74076 Heilbronn, www.hip-island.de
Öffnungszeiten: Montag bis Sonntag 14 bis 2 Uhr (geöffnet bei schönem Wetter – witterungsbedingte Anpassung der Öffnungszeiten vorbehalten).

124 | Heilbronn

Natur, Technik und Wissenschaft

experimenta – Science Center

Familien-Ziel

»Nur mit den Augen berühren« … in vorausschauender Weitsicht haben meine Eltern diese mahnenden Worte bei so manchem früheren Museumsbesuch quasi prophylaktisch an mich gerichtet. Hätte es damals schon das Science-Center experimenta gegeben, wäre der sonntägliche Bildungsausflug garantiert spannender verlaufen. Denn in der experimenta ist Berühren sogar erwünscht: »Entdecken, erleben, erkennen« lautet das passende Motto. Spielerisch können naturwissenschaftliche und technische Zusammenhänge entdeckt und dabei eigene Interessen und Talente herausgefunden werden. Dazu laden rund 150 interaktive Experimente in den vier Themenbereichen »Energie & Umwelt«, »Technik & Innovation«, »Mensch & Kommunikation« sowie »Mensch & Freizeit« ein. Mein Tipp: Das experimenta-Science Center ist auch das perfekte Ziel für einen Schulausflug.

Kranenstraße 14, 74072 Heilbronn,
Telefon (0 71 31) 88 79 50, www.experimenta-heilbronn.de
Öffnungszeiten: Montag bis Freitag 9 bis 18 Uhr,
Samstag, Sonn- und Feiertag 10 bis 19 Uhr. Die experimenta ist
ganzjährig geöffnet, ausgenommen am 24., 25. und 31. Dezember.

125 | Heilbronn

Leser-Tipp von Karl-Heinz Protzer

Hagen Kaffee – Kaffeehaus

Essen & Genießen | Regional Einkaufen

Karl-Heinz Protzer aus Heilbronn schreibt: *»Beim Lesen dieses Buches ist mir bei Z wie ›Zum Wohl‹ aufgefallen, dass Sie Hochland-Kaffee lieben. Ich selbst habe den auch immer sehr gerne während meiner Studienzeit in Stuttgart getrunken. In diesem Zusammenhang möchte ich aber anmerken, dass es nicht nur in Stuttgart gute Röstereien gibt! Auch in Heilbronn gibt es eine sehr gute. Es handelt sich um das Kaffeehaus Hagen. Eigene Rösterei, fair gehandelter Kaffee und im Sommer eine herrliche Dachterrasse.«* Lieber Herr Protzer, meine Leidenschaft für eine gute Tasse Kaffee ist ein offenes Geheimnis, umso mehr danke ich für diesen Tipp. Mein Besuch im Kaffeehaus Hagen ließ nicht lange auf sich warten. In einem ehemaligen Fabrikgebäude hat Firmeninhaber Hanspeter Hagen seine Rösterei, Großhandel, Einzelhandel und ein Kaffeehaus unter

HEILBRONN-FRANKEN

einem Dach vereint. Und so einen wunderbaren Ort für Kaffeeliebhaber geschaffen. Jeden Tag wird frisch geröstet und auch beim Bezug der Rohware greift Hagens unternehmerische Philosophie: »Wer mit Kaffee handelt, muss durch Qualität und Ethik überzeugen.« Statt auf möglichst billigen Einkauf, setzt Hagen auf fair gehandelte Kaffeebohnen. Der Erfolg liegt im Geschmack.

Christophstraße 13, 74076 Heilbronn,
Telefon (0 71 31) 15 55 40, www.hagenkaffee.de
Öffnungszeiten Laden und Kaffeehaus: Montag, Dienstag, Mittwoch
und Freitag 8.30 bis 18 Uhr, Donnerstag 8.30 bis 20 Uhr, Samstag
8.30 bis 16 Uhr. Neben über 60 Kaffeemischungen umfasst das
Sortiment auch rund 150 Teesorten.

126 | Heimhausen

Konsequent regional

»Jagstmühle Heimhausen«

Essen & Genießen

Freunde feiner Regionalküche wissen es längst: Die Region Hohenlohe ist das Pilgerziel für Genießer! Einen Abstecher wert ist beispielsweise die »Jagstmühle« in Heimhausen. Früher wurde dort Getreide aus der Umgebung gemahlen, heute werden in der Küche erstklassige regionale Produkte verarbeitet. Ob Schwäbisch-Hällisches-Landschwein, Hohenloher Weiderind oder Langenburger Ricotta – viele Produkte stammen von Erzeugern aus nächster Nachbarschaft. Dementsprechend frisch und naturnah präsentieren sich die Gerichte – was vom freundlichen Service an den Tisch gebracht wird, ist purer Genuss.

Jagstmühlenweg 10, 74673 Heimhausen,
Telefon (0 79 38) 9 03 00, www.jagstmuehle.de
Öffnungszeiten Restaurant: täglich 12 bis 14 und 18 bis 21.30 Uhr.

127 | Igersheim

Auf einer Wellenlänge

Mit dem Kanu auf der Tauber

Anschauen & Erleben

Ob als Transportweg oder natürliches Hindernis: Flüsse prägen unsere Region seit Jahrhunderten. An günstigen Furten konnten Flüsse überquert werden, es wurden Siedlungen gegründet und Gebäude errichtet. Auch die Tauber bietet reizvolle Perspektiven auf Landschaften und Ortschaften. Wer hier ein Paddelabenteuer erleben möchte, findet bei Gerd Drescher wertvolle Tipps. Eine schöne Route führt beispielsweise von Igersheim vorbei an Bad Mergentheim bis nach Königshofen. Canadier und Kajaks, Schwimmwesten und wasserdichter Behälter können bei Drescher angemietet werden, auch der Rücktransport der Boote wird organisiert.

Bootsverleih Drescher, Kirchbergstraße 14, 97999 Igersheim, Telefon (0 79 31) 22 29, www.igersheim.de/data/kanutouren.php

128 | Külsheim

Erfrischungen an fast jeder Straßenecke

Brunnenstadt Külsheim

Anschauen & Erleben

Im Taubertal, genauer gesagt zwischen Wertheim und Tauberbischofsheim, liegt die kleine Gemeinde Külsheim. Neben einem schönen Schloss, der Stadtkirche St. Martin und dem Templerhaus hat Külsheim eine weitere außergewöhnliche Sehenswürdigkeit zu bieten. Beziehungsweise 18 Stück davon: Brunnen! Bezogen auf die eher über-

schaubare Ausdehnung der Ortschaft dürfte diese hohe Anzahl an Brunnen wohl einmalig in unserer Region sein. Streifen Sie bei nächster Gelegenheit doch einfach mal selbst durch die Gassen und entscheiden Sie, ob Ihnen der Weed-, Boxhagel- oder der Löchleinsbrunnen am besten gefällt.

www.kuelsheim.de
Informationen: Külsheim befindet sich rund 14 Kilometer von Tauberbischofsheim entfernt (Adresse Navigation: Kirchbergweg 7, 97900 Külsheim).

129 | Marhördt
Die schönsten Sportarten finden auf Rasen statt

Golf-Schnupperkurs in Marhördt

Anschauen & Erleben | Essen & Genießen

Viele Etiketten haften dem Golfsport an, etwa dass es sich um einen sehr teuren, elitären Zeitvertreib handelt. Oder dass Golf ohne nennenswerte Kondition ausgeübt werden könne. Die Fakten sprechen jedoch eine ganz andere Sprache. Die durchschnittliche Strecke, die auf einem 18-Loch-Kurs zurückgelegt wird, liegt bei rund fünf Kilometern. Das Equipment immer im Schlepptau, werden mit jedem zurückgelegtem Kilometer und mit jedem Schlag Arme, Beine und Rücken trainiert. Und weil sich ein immer größer werdender Personenkreis für Golf begeistern kann, ist mittlerweile auch die Ausrüstung erschwinglich. Eine Runde Golf in herrlicher Umgebung macht Laune. Einsteiger können sich hiervon im Rahmen eines Schnupperkurses überzeugen. Möglich ist dies zum Beispiel auf der Anlage des Golfclubs Marhördt. Das 65 Hektar große Areal, herrlich gelegen auf

einem sanft gewellten Plateau inmitten des Naturparks Schwäbisch-Fränkischer Wald, ist sicherlich eine der schönsten und bestgepflegten Golfanlagen in ganz Süddeutschland. Wer hier von Abschlag zu Abschlag unterwegs ist, merkt schnell, wie viel Vergnügen Golf bereitet. Mindestens ebenso viel Spaß macht die anschließende Einkehr im »Landhaus Noller«: Das gemütliche Clubhaus und Restaurant steht auch Nichtmitgliedern offen.

Golfclub Marhördt, Marhördt 18, 74420 Oberrot-Marhördt,
Telefon (0 79 77) 91 02 77, www.golfclub-marhoerdt.de
Schnupperkurse: Angeboten werden 2 1/2- oder 4-stündige Schnupperkurse. Anmeldung erforderlich, Termine auf der Website des Clubs.
Öffnungszeiten »Landhaus Noller«: täglich ab 10 Uhr (Küche 12 bis 22 Uhr). Im Winterhalbjahr eingeschränkte Öffnungszeiten, auf der Website werden entsprechende Informationen publiziert.

130 | Neckarzimmern

Mitten hinein ins Mittelalter

Burg Hornberg

Anschauen & Erleben | Familien-Ziel

Kaum vorstellbar, aber vor Napoleons territorialer Neuordnung formten über 250 Gebiete das Areal, das dem heutigen Bundesland Baden-Württemberg entspricht. Einzig einen Kaiser über sich, konnten sich kleine und größere Herrscher nahezu willkürlich austoben. Auch architektonisch. Eine riesige Anzahl an Verteidigungsanlagen, Adels- und Wohnsitzen ist heute das sehenswerte Erbe dieser 250 Territori-

en. Perfekter Ort für eine Entdeckungsreise ist das Neckartal – speziell der Abschnitt zwischen Bad Wimpfen und Heidelberg ist reich an mittelalterlichen Burgen und Burgruinen. Einen Besuch wert ist die Burg Hornberg, die allein schon mit ihrer Lage fasziniert. Hoch über dem Fluss bietet das Gebäudeensemble aus dem 11. Jahrhundert einen prächtigen Panoramablick. Auch geschichtlich gibt es viel zu erzählen: Kein geringerer als Götz von Berlichingen, die vermutlich meistzitierte Person des deutschen Sprachraums (»Er könne mich im A... lecken«) war stolzer Besitzer der Anlage. Einst nahezu unbezwingbar, präsentiert sich die Ritterburg heute dafür umso gastfreundlicher: Speis und Trank werden im ehemaligen Pferdestall serviert, bei schönem Wetter auch im Burghof und auf der Panoramaterrasse.

*Hornberger Weg, 74865 Neckarzimmern,
Telefon (0 62 61) 9 24 60, www.burg-hotel-hornberg.de
Informationen: Innenhof und Restaurant sind frei zugänglich.
Für den oberen Bereich der Burganlage ist ein Eintrittsticket
erforderlich, das im Weinhandel bezogen werden kann. Öffnungszeiten des Weinhandels von 10 bis 18 Uhr (saisonale Anpassung der
Öffnungszeiten möglich).*

131 | Schwäbisch Hall

Raffiniert kombiniert

»smartino« Budget-Design-Hotel

Über Nacht

Dieses Hotel kann beides – schick und günstig. Obwohl das »smartino« sich als Budget-Hotel positioniert, muss man auf ein übergroßes Daunen-Bett ebenso wenig verzichten wie auf ein stylisches Bad mit

Regenschauer-Dusche. Einen üppig ausgestatteten Wellnessbereich oder ein feudales Restaurant wird man jedoch vergeblich suchen. Falls man überhaupt danach suchen sollte. Denn im »smartino« folgt man einem unübersehbaren Trend in der Hotellerie: Auf eine kostenintensive Infrastruktur wird zugunsten günstiger Übernachtungspreise verzichtet. Perfekt für Normalverdiener, Künstler und preisbewusste Reisende. Morgens wird ein Frühstücksbuffet angeboten (... für alle, die es eilig haben, gibt es das »grab & go«-Frühstück), Snacks und Getränke sind an der Rezeption erhältlich und an der Hotelbar werden Cocktails serviert. Direkt am Hotel stehen kostenfreie Parkplätze zur Verfügung und die bekannteste Sehenswürdigkeit Schwäbisch Halls, die große Treppe vor St. Michael, ist gerade einmal dreieinhalb Kilometer entfernt. Klasse: Ein Zwei-Sterne-Hotel mit Vier-Sterne-Annehmlichkeiten. Für das Konzept und die nette Gastfreundschaft möchte man glatt noch einen Stern obendrauf geben.

Dolanallee 17,
74523 Schwäbisch Hall,
Telefon (07 91) 85 65 95-95,
www.hotel-smartino.de

132 | Weikersheim
Genüsse aus der Region

Hohenloher Märktle in der alten Dorfschmiede

Regional Einkaufen

Der barocke Schlossgarten mit seinen Brunnen, Fontänen und Figuren ist eine zauberhafte Anlage, die allein schon einen Besuch wert ist. Weikersheim hat aber noch mehr zu bieten. Zum Beispiel die alte Dorfschmiede, die nur wenige Schritte vom Barockgarten entfernt ist. Dort ist das »Hohenloher Märktle« beheimatet. Mit einem Sortiment, das sich durch frische regionale Produkte aus der nahen Umgebung auszeichnet. Ob Gemüse, Obst, Fleisch oder Wein, hier können Sie nach Herzenslust in Düften und Impressionen schwelgen und sich kulinarische Andenken für zu Hause mitnehmen. Vor Ort probieren ist ebenfalls möglich. Direkt nebenan, im Restaurant »Laurentius«, kann hervorragend geschlemmt werden.

*Marktplatz 5,
97990 Weikersheim, Telefon (0 79 34) 91 08-0,
www.hotel-laurentius.de*

133 | Wertheim
Strand in Sicht

Wertheimer Beach-Club

Anschauen & Erleben

Wertheim liegt für mich nicht gerade um die Ecke, die Anfahrt nehme ich dennoch gerne auf mich. Schließlich ist die Aussicht auf eine 400 Quadratmeter große Sandfläche mit chilligen Lounges, leckeren Cocktails und karibischer Stimmung mehr als verlockend. Der Beach-Club am Wertheimer Mainufer ist der perfekte Treffpunkt, um zu relaxen und zu feiern. Obendrein ist Wertheim wesentlich einfacher als die Karibik und ganz ohne Flug und Jetlag zu erreichen. Das ist fast besser als Urlaub!

*Mainparkplatz, 97877 Wertheim,
Telefon (01 76) 34 00 99 59, www.wertheimer-beach-club.de
Öffnungszeiten: Montag bis Freitag ab 17 Uhr, Samstag und Sonntag
ab 13 Uhr (bei schönem Wetter).*

1/3 | Überall
The Best Things in Life Are Free

Umsonst und überall

Freizeiterlebnisse müssen nicht zwangsläufig mit einem vollen Geldbeutel oder langen Anfahrtswegen verbunden sein. Warum nicht hin und wieder ein schlichtes, dafür aber umso intensiveres Vergnügen? Oftmals sind es die kleinen Dinge, die das Leben schön machen. Hier ist meine persönliche Top-Ein-Drittel:

Nichts tun | Ich empfehle diese Tätigkeit deshalb, weil ich sie selbst nur sehr schlecht beherrsche: Einfach mal die Zeit anhalten und nichts tun. Ganz ohne schlechtes Gewissen. Ob auf dem heimischen Sofa, bei einem Spaziergang oder auf Omas »Grundstückle« – hin und wieder sollte man sich für einige Momente aus dem hastigen Tempo und dem Gekreische des Alltags ausklinken und sich den Luxus einer mehrstündigen privaten Auszeit leisten.

Wie gesagt: Ich bin ein blutiger Anfänger in dieser Disziplin, ich wünsche Ihnen von Herzen, dass Sie darin schneller größere Erfolge erzielen!

Kissenschlacht | An die Kissen, fertig, los …! Gegenüber klassischen Gesellschaftsspielen haben Kissenschlachten zwei entscheidende Vorteile. Erstens – man muss sich nicht zeitaufwändig eine Spielanleitung durchlesen. Zweitens – das Alter der Mitspieler ist nebensächlich, nahezu jeder kann mitmachen. Früher habe ich Kissenschlachten bevorzugt in die Wohnung von Schulfreunden verlegt, weil es in der elterlichen Wohnung umherfliegende Federn geplatzter Kissen unbedingt zu vermeiden galt. Heute lege ich vorausschauenderweise mit Watte gefüllte Kissen bereit. Ein guter Tipp, damit der Heidenspaß nicht in eine lange Aufräumaktion mündet.

Lese-Picknick | Die Zutaten für ein Lese-Picknick sind schnell organisiert: Ein schön gelegener Platz, eine Picknick-Decke und ein gutes Buch. Vielleicht noch eine Erfrischung oder einen leckeren Snack einpacken und – um jegliche Ablenkung zu vermeiden, könnte man das Handy ausschalten. Mehr braucht es nicht für einen unterhaltsamen und gleichzeitig entspannten Zeitvertreib. Keine Nachrichten, keine E-Mails und auch keine Anrufe. Stattdessen sich unter freiem Himmel in eine spannende Geschichte vertiefen. Eine tolle Sache, die nicht nur an exotischen Urlaubsorten, sondern auch im Park um die Ecke Spaß macht.

GUTSCHEIN | Porsche-Museum

Besucher des Porsche-Museums erhalten bei Vorlage dieses Buches zwei Eintrittskarten zum Preis von einer.

Gutschein eingelöst am (Datum):

Stempel/Unterschrift:

GUTSCHEIN | Flugsimulator simINN

Gratis DVD-Mitschnitt Ihres Fluges im simINN-Flugsimulator. Einmalig gültig in Kombination mit der Buchung eines einstündigen oder zweistündigen Simulatorflugs direkt bei simINN. Bitte nennen Sie bereits bei der Reservierung den Gutscheincode RESONNTAG279XX53QR. Es gelten die Teilnahmebedingungen des Anbieters. Eine Barauszahlung oder Kombination mit anderen Aktionen ist nicht möglich.

Gutschein eingelöst am (Datum):

Stempel/Unterschrift:

GUTSCHEIN | Jake's Diner – Bar

Bestellen Sie drei Hamburger oder drei Essen Ihrer Wahl und den günstigsten Hamburger/das günstigste Essen bezahlen wir für Sie.

Gutschein eingelöst am (Datum):

Stempel/Unterschrift:

BILDNACHWEIS

Für die Bereitstellung von Fotos bedanken wir uns bei: Freilichtmuseum Beuren, Beuren (S. 13) / Die Zugvögel, Bietigheim-Bissingen (S. 16) / Hotel EcoInn, Esslingen (S. 22) / F3 Familien- und Freizeitbad Fellbach (S. 24) (Fotograf: Peter D. Hartung) / Zum Hirschen, Fellbach (S. 25) / simINN GmbH Flugsimulationen (S. 27) (Fotografien: Arnim Kilgus, Boris Banozic, Kristof Lemp) / Ravensburger Kinderwelt, Kornwestheim (S. 30) / Burggaststätte Hohen Neuffen GmbH, Neuffen (S. 31) / Schwäbische Waldbahn GmbH, Welzheim (S. 33) / Zoologisch-Botanischer Garten Wilhelma, Stuttgart (S. 35) / Patisserie Tarte und Törtchen, Stuttgart (S. 38) / Such & Find, Stuttgart (S. 41) / Tapas-Bar Teneria, Waiblingen (S. 43) / Explorer Coffee Kontor, Winnenden (S. 45) / Zachersmühle, Adelberg (S. 49) / Bikepark Albstadt, Albstadt-Tailfingen (S. 50) / Naturbad Albstadt, Albstadt-Tailfingen (S. 51) (Fotograf: Volker Bitzer) / Ulmer Eisenbahnfreunde e.V., Ulm (S. 52) / Speidel's Brauereimanufaktur, Hohenstein-Ödenwaldstetten (S. 56) / Baumhaushotel Wipfelglück, Rosenberg (S. 57) / Brauerei Blank, Zwiefaltendorf (S. 59) / Tourismus-Marketing GmbH Baden-Württemberg (S. 62) (Fotografie: Erzabtei St. Martin zu Beuron) / Waldfreibad Ziegelweiher, Ochsenhausen (S. 64) / Seepark Linzgau, Pfullendorf (S. 65) / Flair Hotel Adler, Pfullendorf (S. 66) / NABU-Naturschutzzentrum Federsee, Bad Buchau (S. 72) / Ailinger Erlebnismühle, Bad Schussenried (S. 73) / Abenteuer-Kletterpark Tannenbühl, Bad Waldsee (S. 74) / Andechser Waldwirtschaft (S. 75) (Fotograf: Kzenon – fotolia.com) / Vitalium am Reischberg, Bad Wurzach (S. 76) / Oberschwäbisches Torfmuseum, Bad Wurzach (S. 77) / Hotel Buchberg, Bermatingen (S. 78) / Dornier Museum, Friedrichshafen (S. 79) / Burgunderhof, Hagnau (S. 79) / Hohentwiel Schifffahrtsgesellschaft m.b.H., Hard – Österreich (S. 80) / Seefreibad Illmensee, Illmensee (S. 81) / Hotel Heinzler am See (S. 82) (Fotograf: tammen.de – Monika Goecke) / Das Voglhaus, Konstanz (S. 83) / Kunstmuseum Ravensburg, Ravensburg (S. 84) / Gut Hügle, Ravensburg (S. 86) / ZEN Teehaus, Insel Reichenau (S. 88) / Aquapark Management GmbH (S. 88) (Fotografie: Bodensee-Therme Überlingen) / Hotel Pilgerhof-Rebmannshof, Uhldingen-Mühlhofen (S. 89) / Schwarzwälder Hausbrennerei und Imkerei, Bonndorf-Holzschlag (S. 93) / Aloha Center (S. 94) (Fotografie: Stand-up Paddling Windgfällweiher) / Hochschwarzwald Tourismus GmbH, Hinterzarten (S. 95) / Café Naschwerk, Löffingen (S. 97) (Fotografin: Sabine Hofmann) / Franz-Josef H. Andorf (S. 97) (Fotografie »Goldwaschen am Rhein«) / Brauereigasthof Rothaus, Grafenhausen-Rothaus (S. 99) / Baumkronenweg Waldkirch, Waldkirch (S. 100) / Park mit allen Sinnen, Gutach (S. 104) / Kultur und Tourismusbüro, Hausach (S. 105) / Hotel Schloss Hornberg, Hornberg (S. 105) / Naturschutzzentrum Rheinauen, Rust (S. 107) / Europa-Park GmbH & Co Mack KG, Rust (S. 108) / Hirschgrund Zipline Area, Schiltach (S. 110) / Schlenker's Hotel und Restaurant Ochsen, Villingen Schwenningen (S. 111) / Alternativer Wolf- und Bärenpark, Bad Rippoldsau-Schapbach (S. 114) /

Bikepark Bad Wildbad, Bad Wildbad (S. 115) / Palais Thermal, Bad Wildbad (S. 115) / Abenteuerpark Enzklösterle, Enzklösterle (S. 119) / Waldseebad Gaggenau, Gaggenau (S. 121) / Naturerlebnisbad Glatten, Glatten (S. 122) / Therme Vierordtbad, Karlsruhe (S. 123) / Verkehrsbetriebe Karlsruhe GmbH, Karlsruhe (S. 124) (Fotografie »Schlossgartenbahn«) / bratar, Karlsruhe (S. 125) / Anders auf dem Turmberg, Karlsruhe (S. 126) / Landgasthof Hotel Hirsch, Lossburg (S. 127) / Technoseum, Mannheim (S. 132) / Café Lido, Mannheim (S. 133) / Hotel Youngstar, Mannheim (S. 134) / Terrassenfreibad Neckargemünd, Neckargemünd (S. 135) / Kraemer Ökologischer Land- & Weinbau, Auernhofen (S. 138) / Hohenlohe + Schwäbisch Hall Tourismus e.V. (S. 139) / Waldseilgarten Boxberg, Boxberg (S. 140) / Eberstadter Tropfsteinhöhle, Buchen (S. 141) / Erlebnispark Tripsdrill GmbH & Co. KG, Cleebronn (S. 143) / Göckelesmaier Festbetriebs GmbH, Stuttgart (S. 145) / experimenta – Science Center, Heilbronn (S. 146) / Bootsverleih Drescher, Igersheim (S. 149) / Golfclub Marhördt, Oberrot-Marhördt (S. 151) / smartino Budget-Design-Hotel, Schwäbisch Hall (S. 153) (Fotograf: Fotostudio Bastgen) / Hohenloher Märktle, Weikersheim (S. 154) / Wertheim Beach-Club, Wertheim (S. 155).

Alle übrigen Fotos: Achim Mayer.

IMPRESSUM

Christoph Sonntag, geboren 1962 in Waiblingen, ist Journalist, gelernter Schauspieler und hat in München und Berlin Landschaftsplanung studiert. Seit 1989 steht er professionell auf der Kabarettbühne. Auf Grund seiner enormen Bühnenpräsenz, seiner Radioglossen bei SWR3 sowie seiner zahlreichen Bücher ist Sonntag einer der bekanntesten und beliebtesten Kabarettisten Baden-Württembergs.

Die Angabe von Öffnungszeiten, Adressen und Telefonnummern erfolgt nach bestem Wissen und Gewissen, jedoch ohne Gewähr. Autor und Verlag können keine Haftung übernehmen, auch nicht bei etwaigen Unfällen. Die Benutzung des Buches geschieht auf eigenes Risiko.

1. Auflage 2014

© 2014 by Silberburg-Verlag GmbH, Schönbuchstraße 48, D-72074 Tübingen.
Alle Rechte vorbehalten.
Umschlaggestaltung:
Karin Klingel, Stuttgart, nach einer Idee von Achim Mayer.
Druck: Grammlich, Pliezhausen.

Printed in Germany.

ISBN 978-3-8425-1300-6

Besuchen Sie uns im Internet und entdecken Sie die Vielfalt unseres Verlagsprogramms:
www.silberburg.de

Schönes Schwaben

Im Abonnement und in Ihrer Buchhandlung

Das Magazin
für Land und Leute

- Die farbige Monatszeitschrift zu Kultur, Geschichte und Heimat.
- Informativ und unterhaltsam, aktuell und zeitlos.
- Traumhaft schöne Fotos, interessante Artikel von kompetenten Autoren.
- Fordern Sie ein Probeheft an.
- Informationen: Abo-Service Schönes Schwaben unter Telefon: (07 11) 6 01 00-19 und www.schoenesschwaben.de

Silberburg·Verlag

www.silberburg.de